지구, 놀라운 땅! 위대한 세상!

선생님과 함께 하는 과학 교실

지구

놀라운 땅! 위대한 세상!

임정순 글 | 김영곤 그림

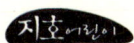

이 책에 나오는 등장인물은 가상이지만
그들이 이야기하는 지구의 모습은
과학자들이 밝혀낸 사실로 구성했습니다.

| 차례 |

1. 우주 괴물이 나타났다   6
2. 대기권이 뭐야?   18
3. 산이 자란다고?   33
4. 대륙이 움직인다고?   47
5. 지구 안으로   65
6. 바다 속으로   78
7. 지구가 약을 쥐고 있다고?   89
8. 별을 찾아서   103

우주 괴물이 나타났다

 지구 수비대장 도비가 턱수염을 배배 꼬며 모니터를 들여다보았다. 모니터 속에는 행성들의 모습이 파노라마처럼 펼쳐져 있다. 그 주위로 갖가지 색깔의 소행성들이 별처럼 빛났다.
 모니터 위에 있는 모든 계기판들도 안전하다고 알려 주고 있었다.
 "흠, 오늘도 지구는 무사하군. 나처럼 훌륭한 지구 수비대장이 있는 이상 아무도 지구를 넘볼 수 없지. 암!"
 도비는 흐뭇한 표정으로 모니터의 화면을 지구의 모습으로

돌려 놓았다. 푸른색이 어우러진 지구는 커다란 푸른 구슬처럼 보였다.

"역시 지구는 완벽해! 생명체들을 품고 사는 지구야말로 최상의 별이지."

지구 수비대장 도비가 하는 일은 하루 종일 모니터를 들여다보며 지구를 정찰하는 거다. 어렸을 때부터 공부하고는 담을 쌓아온 도비가 어떻게 지구 수비대장이 되었는지 사람들은 의아해 했다. 하지만 지구를 사랑하는 마음만큼은 도비를 따라올 사람이 없었다. 도비 앞에서 조금이라도 지구 험담을 늘어놓았다가는 결코 무사할 수가 없다. 전에 아라 박사의 아들 키오가 지구에 대해서 불만을 품고 험담을 늘어놓았다가 하루 종일 도비의 방망이를 피해 다녔던 것은 유명한 일이다.

도비가 모니터 화면을 이리저리 돌려 지구 곳곳을 살펴보고 있을 때였다. 갑자기 '삑, 삑, 삑' 하고 비상 호출기에서 경보음이 울렸다.

"무슨 일이지?"

화들짝 놀란 도비가 들고 있던 방망이를 던지고 인공위성 시스템을 작동시켜 비상 호출 지점을 찾아보았다. 우주 공간에서 이상한 생명체가 빠르게 지구로 접근해 왔다. 도비는 서둘러 레이더 장치를 가동시켰다. 그 물체가 향하는 곳은 한반도 상공이었다.

"비상! 비상! 외계 생물체가 지구로 접근하고 있다!"

도비는 고래고래 소리를 지르며 모니터를 들여다보았다. 어느새 이상한 생물체가 지상으로 내려앉는 것이 보였다. 회색빛을 띤 이상한 물체였다. 눌러놓은 회반죽 같기도 하고 만들다 만 찰흙덩이 같기도 했다.

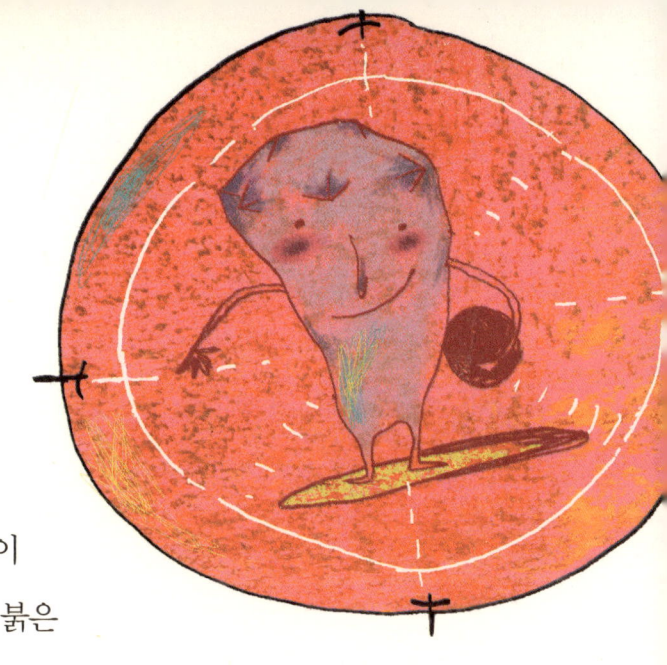

"어, 저게 뭐야?"

도비가 모니터를 커다랗게 확대해서 들여다보았다. 그 생물체는 잿빛의 다각형 모양의 가느다란 손이 달려 있고, 한 손에는 붉은 구슬을 들고 있었다.

"저건 또 뭐야? 원자폭탄? 아니지 이상한 병원균인지도 몰라."

도비는 급한 마음에 마이크에 대고 고래고래 소리를 질렀다.

"비상! 우주의 괴물이 지구를 침범했다. 빨리 생포하라! 생포하라!"

도비는 개인용 정찰기를 타고 적이 출몰한 곳으로 긴급 출동했다. 늘 들고 다니는 커다란 방망이도 가져갔다. 위치 추적 시스템을 이용해서 이상한 생물체가 떨어진 곳을 찾아갔다. 하지만 그곳은 너무 평온했다. 불붙은 우주선은커녕 먼지나 구름조차 없었다. 도비는 잠시 멍해졌다.

"분명히 여기 떨어졌는데."

도비가 정찰기에서 내려 두리번거렸다. 하지만 거대한 돌무더기뿐이었다.

"여기가 아닌가?"

도비가 막 발걸음을 떼었을 때였다. 발밑에서 무언가가 불쑥 튀어 올랐다.

"아휴 숨 막혀. 앞 좀 보고 다녀!"

도비는 깜짝 놀라 펄쩍 뛰었다. 처음에는 잿빛 흙덩어리인

줄 알았다. 납작하게 깔린 이상한 물체가 물컹거리며 몸을 세우고 있었다. 도비는 잘못 봤나 싶어 눈을 비볐다. 그 물체는 앞뒤로 몸을 흔들거리며 서서히 부풀어 올랐다. 풍선에다 공기를 불어 넣는 것 같았다. 어느 정도 형태를 갖춘 물체는 가느다란 손으로 제 몸을 쓱 만졌다. 손을 댈 때마다 몸이 폭폭 들어갔다. 잠시 뒤에 그 물체는 도비가 있거나 말거나 몸을 다듬더니 총총 걸음을 옮겼다.

"어, 잠깐!"

도비가 소리쳤지만 들은 체도 하지 않고 걸어갔다. 아니 통통 튀어 간다는 말이 맞다. 앞에 바위가 가로막자 그 물체는 길쭉한 바위틈 사이로 몸을 쑥 내밀어 빠져나갔다. 마치 기계

속에서 빠져나온 만두피처럼 납작해졌다. 그러다 다시 몸을 흔들면서 몸을 입체형 다각형으로 만들었다. 도비는 넋이 나간 듯 신비한 물체를 쳐다보았다. 하지만 그 다각형은 도비를 비웃듯 지나쳤다.

순간 정신을 차린 도비가 커다란 방망이를 휘두르며 말했다.

"너의 정체를 밝혀라!"

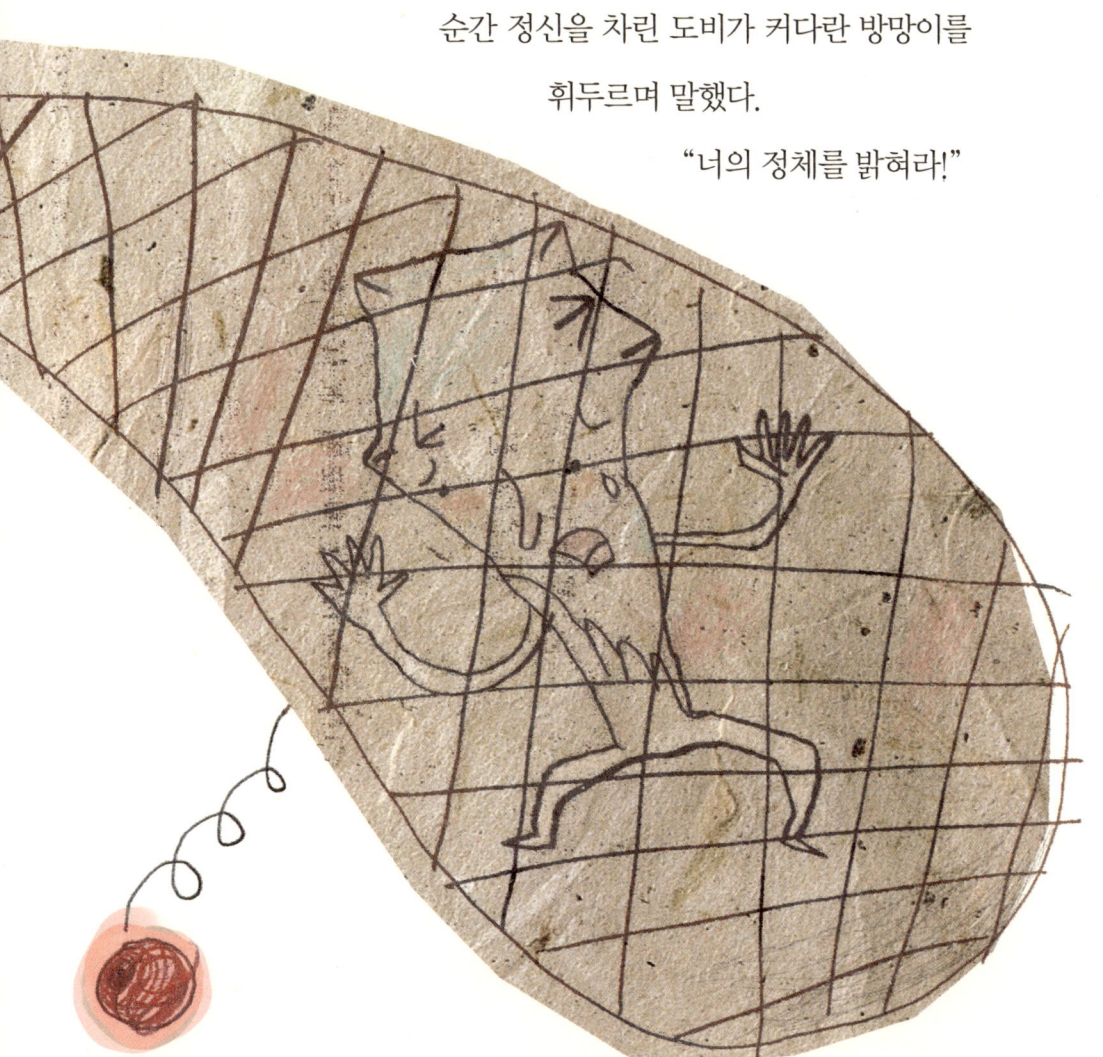

그러자 괴상한 생명체는 가소롭다는 듯이 말했다.

"난 우주를 여행하는 방랑객이시다."

"뭐, 우주 방랑객? 이 신성한 지구에 침입한 침입자 주제에."

"신성한 지구?"

이상한 생명체가 흐물흐물 웃었다. 온몸이 흔들렸다. 도비는 순간 약이 올랐다.

"너, 우주 괴물을 체포한다!"

"우주 공간에서 한 점밖에 되지 않는 지구인 주제에 감히 위대한 우주 생물체를 체포하다니! 난 거대한 우주가 만들어질 때 탄생한 귀하신 몸이야!"

"뭐야? 지구가 한 점밖에 되지 않는다고? 완벽한 생명체들의 보금자리인 지구에 대해 함부로 말을 하다니. 널 가만둘 수 없다."

도비가 방망이를 마구 휘둘렀다. 하지만 제가 휘두른 방망이 힘에 못 이겨 오히려 도비는 앞으로 풀썩 고꾸라졌다. 그 모습을 본 생물체가 키득키득 웃어댔다.

"에잇, 용서할 수 없다."

화가 난 도비가 방망이의 키를 눌렀다. 그러자 방망이에서 촘촘한 그물이 나왔다. 그것은 거미줄을 모아 그 실로 만든 질기고 단단한 그물이었다. 이상한 생물체가 그물에 걸렸다. 너무 순식간에 일이 벌어졌다. 그 생물체도 놀랐는지 그물을 피해 뛰다가 들고 있던 구슬을 떨어뜨렸다.

"흠. 이제야 지구를 위협하는 물건을 빼앗았군."

도비는 붉은 구슬을 만지작거리며 호탕하게 웃었다.

"돌려 줘. 제발 부탁이야!"

"지구를 위협하는 건 돌멩이 하나라도 용서할 수 없다. 너를 어떻게 처리할지는 천천히 생각해 보지."

도비가 손목시계 무전기로 동료들을 부르려고 할 때였다.

"내가 지구를 위협한다고? 정말 지구를 위협하는 게 누군지 모르는군! 그리고 지구가 가장 완벽하다고? 우습군! 우주의 시각으로 봤을 때 너희 지구가 얼마나 불안정한지 알아?"

"뭐? 내가 지구를 모른다고? 지구 수비대장인 내가?"

"그래. 너는 이 땅 밑이랑 저 하늘 위에서 어떤 일이 벌어지는지 알아?"

도비는 잘 안다고 대답하려다 가만 생각해 보니 아는 것이 정말 없었다. 거짓말을 할 수도 없었다. 도비는 겸연쩍어 수염만 만지작거렸다.

"봐. 너는 아무것도 모르지! 정말 지구를 위협하는 건 너처럼 자신이 살고 있는 곳을 잘 모르는 사람들이지."

괴물은 비록 그물 속에 갇혔지만 자신만만했다. 그 모습을 본 도비는 약이 올랐다. 도비는 그동안 사람들에게 무식하다고 구박받았던 일이 떠올랐다. 조그만 꼬마조차 무식하다고 자신을 비웃었던 것이 떠오르자 도비는 힘이 쭉 빠졌다. 그래서 공부를 하려고 했지만 이상하게 책만 펴들면 잠이 왔다. 그 핑계로 도비는 계속 공부를 미루었다.

눈을 감고 고민하던 도비가 방망이를 어깨에 척 걸치고 배에 힘을 주며 말했다.

"나랑 협상하자. 네가 나에게 지구에 대해 가르쳐 주면 이 붉은 구슬을 너에게 돌려주고 그물에서 풀어 주겠다."

"그것 참 곤란한데. 지구에 대해 가르치려면 시간이 많이 걸려. 게다가 너처럼 머리가 아주 나쁜 사람이라면……."

"뭐?"

도비가 버럭 소리를 지르자 괴상한 괴물이 말했다.

"알았어, 빨리 풀기나 해! 한 수 가르쳐 줄테니."

그물에서 벗어난 괴상한 괴물은 가느다란 손을 내밀었다. 도비가 쭈뼛거리며 그 손을 잡았다. 물렁거리는 것이 꼭 말랑말랑한 젤리 같은 손이었다.

"으. 이게 뭐야. 물렁물렁. 넌 뼈도 없나?"

"맞아. 내 이름은 물렁이야."

'참 나! 이렇게 생긴 게 알면 얼마나 안다고. 날 속이는 거 아냐?'

도비가 속으로 구시렁거렸다.

"빨리 가자. 난 너처럼 한가하지 않아!"

물렁이가 도비의 손을 잡아끌었다. 도비는 몸이 붕 뜨는 것 같았다.

대기권이 뭐야?

도비가 지구를 수비하기는 했지만 한 번도 지구 밖을 나가 본 적이 없었다. 그래서 물렁이에게 끌려가는 것이 불안하기만 했다.

"물렁아, 지금 어디 가는 거야?"

"지구의 참모습을 보고 싶다고 했지? 나무를 제대로 보려면 숲을 봐야 하는 것처럼 지구도 제대

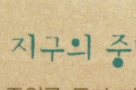

지구의 중력

우리가 태양 주위를 돌며 자전하는 지구에 살면서 땅에서 떨어지지 않는 것은 지구가 우리를 잡아당기기 때문이다. 이렇게 잡아당기는 힘을 중력이라고 한다. 모든 물체는 중력을 가지고 있지만 너무 작기 때문에 우리가 의식하지 못할 뿐이다. 지구가 태양에서 떨어지지 않고 일 년에 한 바퀴씩 도는 것은 지구가 태양의 중력을 벗어나지 못하기 때문이다. 마찬가지로 달도 지구의 중력을 벗어나지 못해서 지구의 주위를 돌고 있다.

로 보려면 멀리서 봐야지."

잠시 멈춰 선 물렁이는 들고 있던 붉은 구슬의 한쪽 버튼을 눌렀다. 구슬이 '크르릉' 소리를 내며 조금씩 커졌다. 커다란 바구니만큼 커지자 붉은 구슬은 작동을 멈췄다.

"들어와. 지금부터 본격적으로 지구를 둘러보는 거야."

"뭐야. 이런 바구니를 타고 지구를 둘러본다고? 이 지구 수비대장을 기껏 바구니에 싣고 가겠다는 거야?"

물렁이는 도비를 노려보다가 잠자코 바구니를 움직였다. 바구니가 땅을 박차고 막 올라가려고 했다. 다급해진 도비는 냉큼 뛰어 올라탔다.

"이 바구니로 산등성이 하나나 제대로 넘을 수 있는 거야? 괜히 시간 낭비나 하지 않는지. 쳇!"

도비가 투덜거렸다. 하지만 잠시 뒤 손뼉을 딱 치더니 큰 소리로 말했다.

"하긴, 지구의 참모습을 보려면 높은 곳에 올라가 보는 것

지구의 크기 재기

지구의 크기를 처음으로 재 본 사람은 약 2200년 전의 에라토스테네스라는 사람이었다. 지구의 크기를 재기 위해서는 지구가 공과 같은 모양을 하고 있다는 것과 햇빛은 평행으로 지구를 비춘다는 두 가지 가정이 필요하다. 에라토스테네스는 이 두 가지 사실을 모두 알고 있었다. 그리고 두 지점 사이의 거리와 태양이 비추는 각도의 차이를 재서 지구의 크기를 재 보았다. 이 크기가 지금 현재 알고 있는 지구의 크기와 큰 차이가 나지 않는다.

도 좋지. 지구가 얼마나 아름답고 완벽한지!"

도비는 바구니 밖으로 펼쳐지는 풍경을 넋을 놓고 바라보았다. 멀리 강물이 햇빛에 반짝이며 빛나고, 높고 낮은 언덕에는 나무들이 초록색 카펫을 깔아놓은 듯 부드럽게 펼쳐져 있었다. 언덕 하나를 넘자 그곳에는 갖가지 색깔의 꽃들이 즐비하게 피어 있었다.

"완벽해! 너무 완벽해!"

도비는 손을 맞잡고 눈물까지 글썽거렸다. 그 모습을 본 물렁이가 한심하다는 듯 쳐다보았다.

"도비야, 지금처럼 보이는 땅이 지구 전체에서 얼마나 되는지 알아?"

"아주 많겠지. 어디를 둘러봐도 산이 있고 숲이 우거져 있으니까."

바다라고는 어릴 때 차를 타고 나가 구경한 기억밖에 없었기에 도비는 지구의 거의 전부가 숲으로 덮여 있는 줄 알았다.

"지구가 모두 땅으로 덮인 것 같지만 땅은 지구 전체의 삼분의 일밖에 되지 않아. 지구가 둥글다는 사실을 사람들이 안 것도 고작 삼백 년밖에 되지 않았거든."

 "그건 나도 알아. 매일 모니터로 보는데, 지구는 아주 둥근 공 같던데."

 "도비야, 누구나 공 같다고 하지만 실제로 보면 배가 살짝

나온 타원형 같아. 적도에서 지구 둘레를 재면 40,075킬로미터지만 남극과 북극 둘레는 40,009킬로미터이거든."

"그럼 이렇게 생겼다는 거야?"

도비가 자신의 양 볼을 옆으로 길게 잡아 늘였다.

"너는 지구 수비대장이라면서 정말 아는 게 없구나. 지구 무게가 얼마나 되는지 알아? 지각에서 지구 중심부까지 길이는 아냐고?"

"그럼 넌 우리 지구가 얼마나 아름다운지 알아? 소나기가 지나가면 얼마나 아름다운 무지개가 뜨며, 겨울이면 가지마다 피

지구의 무게 재기

지구에 앉아서 지구의 무게를 재기란 쉽지 않은 일이다. 처음으로 지구의 무게를 잰 사람은 영국의 과학자 헨리 캐번디시였다. 1798년에 캐번디시는 실에 매달은 막대 끝에 작은 공 두 개를 매달아 쉽게 움직일 수 있게 하고 큰 공을 그 막대 끝에 공에 갖다 대어 두 공 사이의 중력을 재고, 그것을 바탕으로 지구의 무게를 계산했다. 보잘것없는 실험 장치였지만 요즘의 기술로 계산한 지구의 무게와 거의 차이가 나지 않는다.

어나는 하얀 눈꽃을 알아? 폭포에서 떨어지는 물줄기에서 예쁜 안개가 피어나는 건 아냐고!"

물렁이는 지구의 무게가 59조 8천억 톤이 되고, 지구의 역사가 46억 년이며, 적도 지표면에서 지구 중심까지 깊이가 6,378킬로미터라는 것을 도비에게 알려 주었다.

"와! 지구 무게를 어떻게 쟀을까? 엄청나게 무거웠을 텐데."

물렁이는 도비의 말에 장난처럼 정말 놀라는 표정을 지었다.

도비와 물렁이는 점점 높이 올라갔다. 숲과 나무들, 도시의 집들이 까마득한 점처럼 보였다.

"물렁아, 왜 이렇게 추워? 북극으로 잘못 온 거 아냐?"

높이 올라갈수록 점점 추워져서 손도 시리고 귀는 찢어질 것 같았다. 도비는 온몸을 덜덜 떨었다. 조금 더 있으니 이까지 딱딱 부딪쳤다.

"바보 같은 수비대장이네! 지금 네가 살고 있는 곳에서 고작 몇 킬로미터 올라온 것뿐이야. 100미터 오를 때마다 온도가 0.5에서 0.6도 정도 낮아질 거야."

"너, 설마 나를 우주로 납치하려는 거 아냐?"

"바보 수비대장은 우주에서도 필요 없어!"

도비는 순간 울컥했지만 대들 힘도 없었다. 점점 높이 올라

지구의 적도 근처가 불룩한 이유

놀이동산에서 회전하는 기구를 타면 몸이 바깥쪽으로 쏠리는 것을 느낄 수 있다. 이 힘을 원심력이라고 부른다. 지구의 적도가 조금 불룩한 이유는 지구가 자전을 하기 때문이다. 지구가 돌기 때문에 바깥으로 향하는 힘이 생겨서 적도 부근이 조금 불룩하게 나온 것이다. 지구가 처음 생겼을 때에는 자전 속도가 더욱 빨랐기 때문에 지금보다 더 불룩했을 것으로 짐작하고 있다.

갈수록 온도가 낮아졌다. 입가의 수염에는 고드름이 매달렸다. 손도 뻣뻣했고 호흡이 가빠지는데다 기운까지 빠졌다.

"나 좀. 나 좀 살려 줘!"

더 이상 참지 못하고 도비가 소리를 질렀다.

"잘난 지구 수비대장이 이 정도에 약한 소리를 하다니!"

물렁이는 새파랗게 질린 도비를 바라보며 말했다.

"제발! 부탁이야!"

그제서야 물렁이는 바구니에 특수한 유리를 씌웠다. 그 모습을 보고서 도비는 정신을 잃었다.

얼마쯤 시간이 지났다. 유리창 밖에 구름이 갖가지 모양으로 수를 놓고 있었다. 버섯 모양 구름이 있는가 하면, 심술궂은 모습의 구름도 있고, 양털처럼 부드러운 구름도 있었다.

"물렁아, 여기가 어디야?"

"여긴 대기권 중에서도 대류권이야."

"대기권이 뭐고, 대류권은 또 뭐야?"

"으이그!"

물렁이는 크게 한숨을 쉬더니 설명해 주었다.

"대기권은 지구를 둘러싸고 있는 공기층으로 지표면으로부터 천 킬로미터까지라고 말하기도 해."

"그러면 천 킬로미터만 지나면 우주야?"

"쯧쯧쯧, 너는 차라리 말을 하지 않으면 무식이 탄로 나지 않을 거야. 우주를 보는 관점은 누가 보느냐에 따라서 달라. 지구 과학이나 대기 과학에서는 우주는 천 킬로미터 상공 지나서부터가 맞아. 그렇지만 우주선을 쏘아 올리는 사람 입장에서 보면 백 킬로미터 정도만 지나도 우주로 봐. 그래서 그 높이보다 더 올라가면 우주에 갔다 온 우주인으로 인정하지."

"대체 뭔 소린지. 그래서 대기권은 어디까지냐고?"

도비는 구시렁거리며 물었다.

"알았어, 말해 줄게. 공기는 지구의 중력 때문에 지표 가까이에 분포하고 있어. 전체 공기의 99.9퍼센트가 백 킬로미터 안에 있지. 그러니 대기권은 백 킬로미터까지라고 봐야 해. 백 킬로미터부터는 거의 무중력에 가까워져. 그래도 중력은 작용해서 어떤 물체든지 둥둥 뜨다가 아주 천천히 밑으로 떨어져."

"뭐? 지구를 둘러싸고 있는 공기층이 겨우 백 킬로미터밖에 안 된다고?"

"그렇지. 지표면에서 지구 중심부까지가 6,378킬로미터니까, 그야말로 지구는 공기라는 얇디얇은 코팅 속에 싸인 공 같은 거지."

물렁이는 도비를 약 올리려고 '얇디얇은'을 힘주어 말했다.

"믿을 수 없어. 그렇게 얇은 막이라니!"

도비는 너무 혼란스러워 머리를 흔들었다. 하지만 물렁이는 모르는 척하고 말을 계속 이어 갔다.

"대기권에는 네 개의 층이 있어. 먼저 대류권은 지상에서 약 10킬로미터까지인데, 공기의 대류 때문에 비, 바람, 구름 눈 등의 여러 가지 기상 현상이 나타나. 그 다음이 성층권이지. 지표면으로부터 10킬로미터에서 50킬로미터가 성층권이야. 10킬로미터에서 15킬로미터 사이는 구름 위라서 비 같은 게 내리지 않아 제트 비행기가 주로 날아다니는 곳이고, 약 20킬로미터에서 30킬로미터 사이에는 오존층이 있어. 이 오존층은 태양의 자외선을 흡수하는 아주 중요한 역할을 해."

"오존층이 그렇게 중요해?"

"오존층이 자외선을 흡수하지 못하면 자외선이 사람 몸에 아주 치명적인 해를 입히거든. 생태계도 다 망가져 버리고. 그러면 지구 생물체들은 모두 멸종하지."

"어휴 끔찍해. 어쨌든 오존이 내 탱탱한 몸매와 구릿빛 수염을 살리는구나."

도비는 언제 속상했냐는 듯 수염을 만지작거리며 말했다.

"성층권을 지나면 중간권이야. 중간권은 지표면으로부터 50킬로미터에서 80킬로미터 사이인데, 대기권에서 평균 기온이 가장 낮은 곳이야. 만약 이곳에서 이 유리를 젖히면 넌 냉동 인간이 될걸."

도비는 물렁이의 말이 끔찍한지 제 몸을 감싸 안았다. 그러다가 무언가를 봤는지 소리를 질렀다.

"와! 멋지다! 저게 말로만 듣던 오로라야?"

"맞아! 지표면에서 약 80킬로미터 이상은 열권인데, 오로라는 북극과 남극 상공 열권에서 자주 나타나. 또 열권은 대기가 매우 희박해서 햇빛이 있고 없고에 따라 기온이 갑자기 올라가거나

내려가. 하지만 워낙 공기가 희박해서 분자들 사이가 멀기 때문에 열을 느낄 수는 없을 거야. 그리고 태양 활동에 아주 예민해서 태양에 폭발이 있을 때에는 열권에서 지구의 통신 전파를 흡수해 일시적으로 통신이 끊어지기도 해."

"뭐야. 그럼 저번에 내가 여자 친구한테 보낸 문자를 여기서 꿀꺽했다는 말이야!"

도비가 씩씩거리며 유리문을 열려고 했다.

"여기서 문을 열면 넌 숨도 못 쉬고 우주 미아가 돼서 떠돌게 될걸. 한번 열어 봐."

"안 돼. 난 아직 장가도 못 갔단 말이야……."

그런데 갑자기 도비가 소리를 질렀다.

"물렁아, 저게 뭐야? 우주선 같아!"

"저곳이 2008년 4월 10일 러시아의 소유즈 우주선이 머물렀던 국제우주정거장이야. 지상에서 350킬로미터 높이에 있지."

"가만있어 봐라. 아까 백 킬로미터 이상만 오르면 우주인이라고 했지. 그렇다면 난 두 번째 대한민국 우주인이 되는 셈인가? 신난다!"

도비가 큭큭대며 웃었다. 물렁이는 기가 막히다는 표정으로 도비를 쳐다보았다.

"너, 지구 수비대장 맞어? 이 시점에서 뭐 느끼는 거 없어?"

"흠, 흠. 그러니까 공기가 있는 곳은 기껏 지표면에서 얼마밖에 안 된다 그 말이지?"

도비는 목소리를 낮게 깔고 말을 이어 갔다.

"물렁아, 만약에 이 얇은 공기층이 없었다면 지구는 어떻게 됐을까?"

"어떻게 되긴! 강한 자외선에 노출되어 모두 두더지처럼 눈이 멀거나 통닭구이가 됐겠지. 생물체들도 모두 멸종되었을 걸. 그런데 문제는 오존층 구멍이 뚫리고 있으니 이 얇은 막조차 믿을 수 없다는 거야. 이제야 알겠지? 너희가 사는 곳이 얼마나 불완전한지."

도비는 '끙' 하는 소리를 냈다.

하지만 잠시 뒤 소리를 버럭 질렀다.

"인정할 수 없어! 지구가 아름다운 건 땅이 있기 때문이야!"

"도비야, 너희들이 살고 있는 지구가 얼마나 불완전한지 정말 몰라서 하는 소리야?"

"아냐! 땅이야말로 지구인들이 가장 편안하게 생각하는 곳이지. 그리고 가장 완벽한 곳이기도 해!"

도비는 어깨를 으쓱하며 말했다.

"내 말을 안 믿는군. 그렇다면 땅이 얼마나 불완전한지 내가 직접 보여주지."

물렁이는 바구니의 방향을 틀더니 땅을 향해 빠르게 내려갔다.

산이 자란다고?

바구니가 내려가는 속도가 어찌나 빠른지 도비는 눈알이 팽팽 돌 지경이었다. 참다못한 도비는 눈을 질끈 감았다. 조금 있으려니 '철커덕' 하는 소리가 들렸다.

"덩치에 어울리지 않게 겁은 많아 가지고. 다 왔으니까 그만 눈 떠."

"물렁아, 여기가 어디야? 숲은 어디로 사라지고 바위만 있네. 그리고 산꼭대기에 웬 호수가 있어?"

"네가 그랬잖아. 지구를 가장 아름답게 만드는 건 땅이라고. 그래서 땅에 온 거야."

"여기가 무슨 땅이야. 산이지. 전부 바위잖아."

"도비야, 너는 땅이 뭐로 이루어졌는지도 몰라. 땅을 지각이라고 하는데 지각은 바위 덩어리로 이루어졌어."

"뭐, 바위로 이루어졌다고?"

"거대한 산이 비와 바람에 깎여서 돌멩이와 작은 모래로 쪼개지다가 흙이 되는 거잖아."

도비는 물렁이 말에 머쓱해져서 작은 소리로 물었다.

"그럼 저기 저 호수는 또 뭐야?"

"여기는 우리나라 백두산이야. 백두산은 화산이 폭발해서 만들어진 산인데 분화구에 용암의 빈자리가 생겨서 무너져 내

지각

지구의 가장 바깥쪽 껍질을 말한다. 지각은 거의 전부가 암석과 암석이 부서져 생긴 흙으로 이루어져 있다. 지구 전체 부피의 1퍼센트 정도지만 무게는 지구 전체 무게의 0.5퍼센트도 되지 않을 만큼 가볍다. 지각은 우리가 사는 대륙 지각과 바다 밑의 해양 지각으로 구분한다. 지구에 사는 생명들은 바다와 이 지각의 부스러기인 흙에 기대어 살고 있는 것이다. 지각을 가장 깊이 판 것은 옛날 소련의 과학자들이 19년 동안 약 12킬로미터를 파 보았던 것이 최고 기록이다.

려 거기에 물이 고인 거야. 칼데라 호라고 부르기도 해."

"뭐, 땅이 가라앉아 호수가 됐다고?"

"땅은 지금도 움직이고 있는데. 너는 못 느끼겠니? 하긴 지구인들은 둔하니까 못 느끼는 게 당연하지."

"뭐, 땅이 움직인다고? 거짓말 하지 마! 이렇게 딱 붙어 있는데 무슨 소리야!"

"그렇게 우기지 마. 알프스가 약 천오백만 년 전에는 바다였던 사실은 알아? 하와이 섬은 또 어떻고. 그리고 지금도 에베레스트 산이 해마다 일 센티미터씩 자란다는 건 알고 있어?"

"산이 자란다고?"

자고 나면 1cm씩 자라네!

"음, 그게 땅이 움직인다는 증거거든."

"못 믿겠어. 어떻게 바다가 산이 되고 산이 자란다는 거야?"

갑자기 물렁이는 돌멩이 하나를 주워 들었다. 회색빛에 구멍이 숭숭 뚫린 돌이었다.

"어, 물렁아, 이거는 목욕탕에서 발뒤꿈치 굳은살 벗겨 낼 때 쓰는 거잖아."

"으이그! 도비야, 이게 바로 물에 뜬다고 부석이라 부르는 거야! 화산에서 흘러나온 용암이 굳어져서 생긴 돌인데 용암 안에 있던 뜨거운 김이 보글보글 끓면서 새어 나와 이렇게 구멍이 뚫린 거야. 이 백두산에는 여러 층의 바위가 있는데, 지금 맨 꼭대기니까 이런 바위들이 있지. 산을 파고 내려가 보면 백두산 맨 아래에는 선캄브리아기의 돌이 있어."

"뭐? 썬캡부리?"

도비는 눈을 동그랗게 떴다.

"썬캡부리가 아니고 선캄브리아기! 선캄브리아기는 지질

선캄브리아기

캄브리아기 이전의 지질 시대를 부르는 이름이다. 45억 년 전 지구가 형성된 때부터 5억 4천2백만 년 전 고생대 캄브리아기의 시작 이전까지를 말한다. 캄브리아기는 여러 생물들이 등장하지만 그 이전에는 비교적 원시적인 생명체밖에 없었다. 그래서 지구의 생명의 역사를 다룰 때에는 많은 생물이 있던 때와 아닌 때를 구분하여 원시적인 생명만 있었던 시기를 선캄브리아기라고 부른다.

지질시대

처음 지각이 생겼던 약 40억 년 전부터 인류의 역사가 시작된 약 1만 년 전까지를 말한다. 지질 시대는 시대마다 달라서 단세포 동물부터 공룡, 매머드까지 여러 종류가 살았는데 이런 생물계의 변화에 따라서 지질 시대를 구분한다.

신생대 끝
홀로세
11,430만년 전~현재
빙하기가 끝나고 인류 문명이 시작한다.

플라이스토세
180만 년 전~11,430만 년 전
매머드와 같은 거대한 포유류가 번성하다 멸종한다.

플리오세
330만 년 전~180만 년 전
현생 인류의 조상인 오스트랄로피테쿠스가 등장한다.

마이오세
2,300만 년 전~330만 년 전
온화한 기후와 함께 북반구에서 산들이 만들어진다. 유인원이 등장한다.

올리고세
3,390만 년 전~2,300만 년 전
기후가 따뜻했으며, 포유류들과 속씨 식물들이 진화한다.

에오세
5,580만 년 전~3,390만 년 전
고대 포유류들이 번성하고 발달하다. 고래가 등장한다.

신생대 시작
팔리오세
6,550만 년 전~5,580만 년 전
공룡이 멸종한 뒤 포유류가 분화한다. 큰 몸집의 포유류가 등장한다.

실루리아기
44,300만 년 전~41,600만 년 전
최초의 관다발이 있는 육상 식물이 등장하다. 삼엽충과 연체 동물이 번성한다.

고생대 시작
캄브리아기
54,200만 년 전~18,800만 년 전
여러 생물들이 다양하게 번식하여 최초의 생물 문들이 나타난다. 삼엽충들이 번성했다.

오르도비스기
48,800만 년 전~44,300만 년 전
무척추 동물들이 번성하였다. 원시적인 물에 떠 있는 척추 동물이 나타나기 시작한다.

중생대 끝
백악기
14,500만 년 전~6,550만 년 전
티라노사우르스 같은
새로운 공룡들이 번성하다 멸종한다.
속씨 식물과 새로운 곤충들이 등장한다.
악어와 상어가 등장한다.

중생대 시작
트라이아스기
25,100만 년 전~17,500만 년 전
공룡, 포유류, 하늘을 나는 익룡들이 처음 나타난다.
바다 속에서는 암모나이트라는 조개들이 번성한다.

쥐라기
17,500만 년 전~14,500만 년 전
곤드와나 로라시아 대륙으로 갈라진다.
겉씨 식물과 양치 식물이 번성한다.
공룡들이 매우 번성한다.

고생대 끝
페름기
29,900만 년 전~25,100만 년 전
대륙들이 뭉쳐서
초대륙이 나타났다.
파충류가 널리 퍼진다.
대멸종

석탄기
35,900만 년 전~29,900만 년 전
거대한 나무들이 땅 위를 뒤덮었다.
날개 달린 곤충들과
대형 곤충들이 등장한다.

데본기
41,600만 년 전~35,900만 년 전
속씨 식물 나무들이 나타난다.
턱이 있는 물고기들이 바다 속에 나타난다.

원생대
에디아카라기(원생대 마지막 기)
25억 년 전~54,200만 년 전
최초의 다세포 동물들이 나타난다.

시생대
38억 년 전~25억 년 전
원핵 생물 출현, 남조류 출현

약 41억 년 전
최초의 암석

약 44억 년 전
최초의 광물

약 46억 년 전
지구의 탄생

시대의 한 구분이야. 지질 시대는 처음으로 지각이 생겼던 약 40억 년 전부터를 말하는 거야."

"40억? 바위가 40억 년 전에 생겼다는 거야?"

"그래. 별 볼일 없어 보이는 바위지만 지구의 역사책이라고 할 수 있어. 지구의 나이를 알게 된 것도 다 이 바위들 덕분이야."

도비는 아무리 바위를 만져 보아도 세월의 흔적을 느낄 수 없었다. 그래서 바위를 '탁탁' 두들겨 보았다. 하지만 바위는 꼼짝도 하지 않았다. 뭔가를 곰곰이 생각하던 도비가 방망이 버튼을 눌렀다. 그러자 커다란 곡괭이가 나왔다. 도비가 손바닥에 침을 뱉더니 곡괭이를 들고 바위산을 깨기 시작했다. 깜짝 놀란 물렁이가 물었다.

"지금 뭐하는 거야?"

"바위를 쪼개서 그 속을 보려는 거야. 혹시 연도가 쓰여 있나 해서."

물렁이는 하도 기가 막혀 퉁바리조차 놓을 수 없었다. 그냥

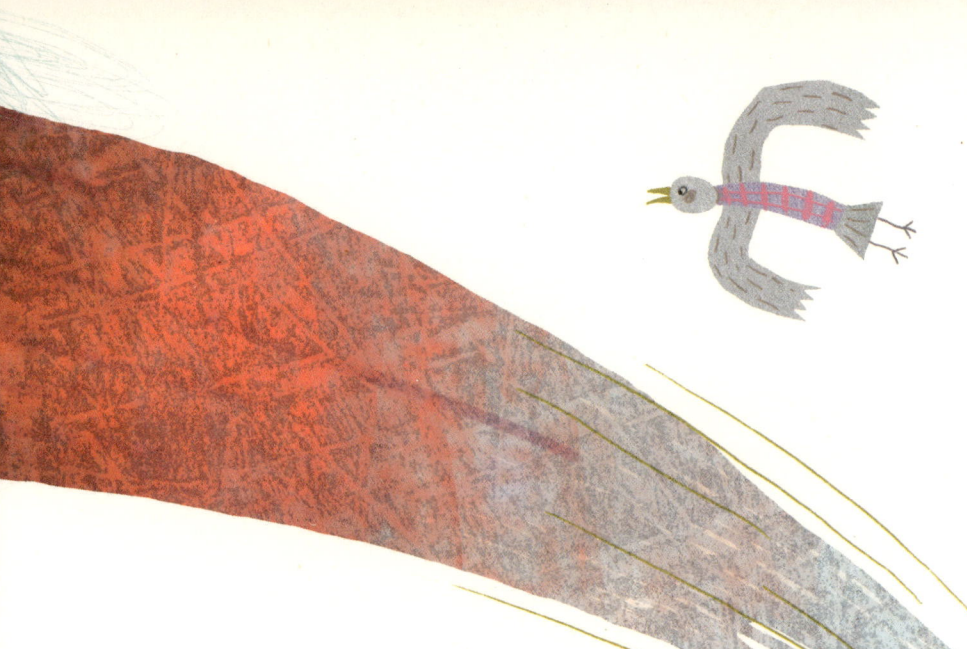

　과학자들이 바위의 성분을 분석해서 나이를 알게 된 거라고만 설명해 주었다.
　"그럼 땅을 파 보지 않아도 되는 거야?"
　도비는 곡괭이를 내려놓고 크게 안도의 한숨을 쉬었다. 하지만 산이 움직이고 바다가 산이 됐다는 것만은 인정할 수 없었다.
　"하지만 바다가 산이 됐고 산이 커진다는 것은 거짓말이지?"
　"도무지 말이 통하지가 않네. 좋아, 보여줄 게 있어. 어서 올라타."

물렁이는 붉은 구슬을 잡더니 커다란 버튼을 눌렀다. 잠시 뒤 붉은 구슬이 '크르릉' 소리를 내더니 아무것도 보이지 않았다.

"왜 아무것도 안 보여?"

도비가 물렁이에게 물어보았다.

"조용히 좀 해! 지금은 공간 이동을 해야 하니까 원소로 분해하는 중이야. 이 기계는 어떤 타임머신과도 비교할 수 없는 특수한 기계야. 물체를 원소 이전으로 분해하여 다시 조합할 수 있기 때문에 시간 이동과 공간 이동이 자유로워."

"원소? 그게 뭐하는 물건이야?"

"어휴. 질문 그만. 집중하게!"

물렁이의 말이 끝나자마자 아무것도 보이지 않던 붉은 구슬이 잠시 뒤에 기다란 타원형으로 변했다.

"와, 신기하다! 붉은 구슬이 꼭 내 도깨비 방망이 같네. 그런데 어떻게 움직이는 거야?"

"잘 들어. 똑똑한 형님이 한 수 가르쳐줄테니. 우리 눈에는 붉은 구슬처럼 보이지만 이것은 우주의 강한 핵력을 에너지로 사용하고 있어서 언제 어디서든 에너지를 보충할 수 있어."

"아아, 빛을 모아 두어서 색깔도 빨간 거로구나."

도비는 고개를 끄덕였다.

"이제는 정말 떠나야 하니까. 조용히 해!"

순간 주위가 뿌옇게 변하더니 타원형의 붉은 물체와 함께 도비와 물렁이는 순식간에 어디론가 이동했다.

강한 핵력

원자 핵 안의 양성자와 중성자가 서로 붙드는 힘을 말한다. 이 힘은 아주 작은 거리에서 붙드는 힘인데 여태까지 물리학에서 발견한 힘 가운데 가장 크다. 원자핵이 붕괴될 때 나오는 에너지가 원자력인데 원자 폭탄이나 원자력 발전의 동력이 되며, 반대로 핵이 융합될 때 나오는 힘이 수소 폭탄의 힘이다. 힘에는 강한 핵력과 전자기력, 그리고 중력이 있는데 핵력이 가장 크고 전자기력이 그 다음이며 중력이 가장 약하다.

눈을 뜨고 본 광경은 너무나 이국적인 곳이었다. 근처에는 항구가 보이고 시장이 있었다. 특이하게도 시장 옆 움푹 파인 곳에 기둥 세 개가 서 있었다. 옛날에는 제법 웅장해 보였을지 몰라도 지금은 부러진 신전 받침돌과 기둥만이 옛날의 화려함을 말해 줄 뿐이었다. 도비는 그 기둥보다는 시장에서 팔고 있는 오렌지와 레몬에 더 눈길이 갔다.

"여긴 이탈리아 포추올리 해변 세라피스 신전이 있는 마을이야. 이곳이 지질학의 성지이며 지질학이 탄생한 곳이기도 하지."

"뭐, 먹을 거 빼고는 볼 것도 없네."

도비가 군침을 삼키며 말했다.

"지구 수비대장이라는 사람이 먹는 것만 밝히다니. 쯧쯧쯧. 이 신전 기둥들을 자세히 살펴봐. 그럼 네가 궁금해 했던 것을 알 수 있을 테니까."

도비는 기둥을 자세히 살펴보았다. 받침에서 4미터 지점에 검게 변색된 띠 같은 것이 둘러져 있었다. 그 부분은 울퉁불퉁하면서 구멍이 송송 뚫려 있었다.

"뭘 보라는 거야? 이상한 것도 없는데. 설마 구멍을 들여다보라는 거는 아니겠지?"

"빙고! 구멍을 보라는 거야. 그 구멍이 말이야, 땅이 움직인다는 결정적인 증거거든. 송송 뚫린 구멍은 천공 조개라고 하는 것들이 만들어 놓았어."

"조개들이 어떻게 4미터 높이까지 올라갈 수 있어? 뜀뛰기 선수 조개라도 있나?"

도비는 웃으면서 말했다.

"잘 생각해 봐. 조개는 바다에 있잖아. 설마 신전을 사람들이 바다 아래에다 지었겠어? 1198년에 화산 폭발이 일어나면서 신전이

바다 속으로 가라앉았다가, 그 뒤에 유럽에서 가장 어린 산인 몬테누오보라는 작은 화산이 폭발하면서 다시 위로 솟아난 거야."

"그럼 정말 땅이 가라앉기도 하고, 솟아나기도 한다는 거야?"

"보고도 모르겠어?"

"조개가 파먹는 것을 내가 언제 봤어? 어떻게 믿어?"

도비의 말에 물렁이의 손이 갑자기 빨개지더니 곧바로 온몸이 새빨갛게 변했다. 새빨개진 몸이 실룩거렸다.

"도저히 너랑 못 다니겠다. 난 이제 우주로 돌아갈래! 너랑 더 있다가는 내가 폭발하고 말거야!"

"그럼, 보지도 못한 걸 어떻게 믿으라는 거야?"

도비가 꼬리를 살짝 내렸다. 그제야 물렁이가 회색빛으로 돌아오면서 말했다.

"좋아. 내가 더 결정적인 것을 보여 주지."

물렁이는 다시 버튼을 눌렀다. 그러자 주위가 뿌옇게 흐려지면서 아무것도 보이지 않더니 붉은 구슬이 캡슐처럼 변했다.

대륙이 움직인다고?

 도비는 물렁이에게 땅이 움직이는 것을 믿을 수 없다고 말했지만 어딘가 이상한 구석이 있다는 생각도 들었다. 조개구멍이 기둥에 있는 것도 그렇고, 산의 벼랑에는 아주 많이 휘어 있는 지층도 보였다.
 '정말 땅이 움직이는 걸까?'
 도비는 깊은 생각에 빠졌다. 그래서 붉은 캡슐이 '크르릉' 소리를 내는 것도 듣지 못했다.
 "여기 좀 살펴봐!"
 물렁이가 소리를 질렀다. 그러나 도비는 방망이를 세운 채로 거기에 턱을 괴고 생각에 빠져 있었다.

"지구 수비대장!"

다시 소리를 질렀지만 아무 반응이 없었다. 물렁이는 도비의 방망이를 확 빼 버렸다. 그러자 도비가 앞으로 풀썩 고꾸라졌다. 입 주위에는 침이 흥건했다.

"침이나 좀 닦지. 생각을 하나 했더니. 그새를 못 참고 졸다니. 쯧, 쯧!"

물렁이는 피식 웃으면서 중얼거렸다.

도비는 소매로 침을 쓱 닦더니 주변을 둘러보았다. 주변은 온통 바위투성이였다.

"어? 저 갈색 덩어리들은 다 뭐야?"

도비가 손등으로 아직 입가에 남은 침을 닦으면서 물었다.

"여긴 오스트레일리아 퇴적암 층이야. 이 속에 화석이 있으니까 잘 살펴봐."

"화석?"

도비는 물렁이가 보여 주는 화석을 자세히 살펴보았다. 길쭉하고 끝이 둥그스름한 잎이었다.

"넌 보고도 안 봤다고 우길 수 있으니까 조금 떼어 가지고 가자."

"어디를 간다는 거야?"

그러나 물렁이는 대답 대신 버튼을 꾹 눌렀다. 순간 앞이 뿌옇게 변하면서 빨간 캡슐이 가볍게 흔들거렸다. 잠시 뒤에 '철커덕' 소리가 나더니 숲이 빽빽하게 우거진 곳이 눈에 들어왔다.

화석

흙이나 모래가 호수나 바다 밑에 쌓이면서 그 속에 식물이나 동물이 들어가 돌처럼 굳어 보존된 것을 말한다. 화석은 과거의 생물들에 대한 소중한 기록으로 생명체의 진화나 지구의 역사를 연구하는 데에 귀중한 자료다. 생명체가 아닌 생명체의 발자국이나 이동한 경로가 발견되기도 하는데 이런 것들은 흔적화석이라고 부른다.

"네가 의심할까 봐 지표면에 착륙한 거야. 이제 곧 퇴적층으로 들어갈 거니까. 주변을 둘러봐."

물렁이가 말했다.

"여기는 또 어디야. 꼭 아프리카 같네."

"빙고! 들어간다!"

빨간 캡슐이 '우지직' 소리를 내며 땅속으로 들어갔다. 퇴적층에 도착한 물렁이가 바위 하나를 가리키면서 말했다.

"저걸 자세히 봐."

도비는 눈을 부비고 물렁이가 가리키는 곳을 뚫어져라 쳐다보았다. 기다란 이파리가 어디서 본 듯한데 도무지 기억이 나지 않는다.

"어? 저거 어디서 봤는데……. 어디서 봤지?"

"정말 걱정된다. 아까 내가 갖고 있으라고 한 화석과 비교해 봐."

"어라! 똑같네. 이거 오스트레일리아에서 가져온 거 아냐? 이게 왜 여기 있어?"

"뭐가 좀 생각나는 게 없어?"

물렁이는 혀를 차며 물었다.

"응 생각났어. 아프리카에 오면 열대 과일이 많이 있을 텐데. 그거 따 먹자."

"아이고!"

물렁이는 기가 막혀 말이 나오지 않았다. 그래서 출발한다고 말하지

도 않고 빨간 캡슐을 이동시켰다. 갑자기 출발하는 바람에 도비가 뒤로 벌렁 나자빠졌다.

> ### 오스트레일리아 대륙
> 오스트레일리아 대륙은 오스트레일리아와 뉴기니 섬, 태즈메이니아 섬 및 주변 섬으로 이뤄진 대륙을 말한다. 아라푸라 해와 오스트레일리아와 뉴기니 섬 사이의 토레스 해협, 오스트레일리아와 태즈메이니아 섬 사이의 배스 해협으로 갈라져 있지만 얕은 대륙붕으로 연결되어 있다. 빙하 시대에는 이 셋이 모두 연결된 하나의 대륙이었다.

물렁이가 도착한 곳은 남극 대륙이었다. 바닷가 주변에 펭귄들이 뒤뚱뒤뚱 돌아다니고 있고, 잘게 부서진 얼음은 햇빛을 받아 눈부시게 빛나고 있었다.

"남극의 신사한테 인사나 좀 하고 올까."

물렁이가 뭐라고 하기도 전에 도비는 빨간 캡슐의 문을 열어버렸다. 순간 살을 베어낼 듯이 차가운 바람이 들이닥쳤다. 순식간에 도비의 수염과 눈썹에 고드름이 달리고 몸이 뻣뻣해졌다. 물렁이는 그런 도비를 한참 동안이나 주물러 주었다.

"제발 말썽 좀 부리지 마. 지금 퇴적층으로 들어 갈 거니까 조금만 기다려."

빨간 캡슐이 김을 뿜으며 빙판을 뚫었다. 한참 만에 도착한 퇴적층에서 아프리카와 같은 화석을 보고 도비는 문득 이상한 생각이 들었다.

"여기는 얼음뿐인데 어떻게 이런 게 발견될 수 있지?"

"이제야 뭔가를 알기는 아네. 이것은 글로소프테리스의 화석이야. 이 식물은 고생대 석탄기와 페름기에 무성하게 자랐던 식물인데 아프리카 대륙의 남부와 인도의 남부, 오스트레일리아 대륙, 남극 대륙에서 많이 발견돼."

"참 이상하다. 바다가 가로막고 있는데 어떻게 같은 화석이 발견될 수 있는 거지? 날씨도 다른데."

"수비대장께서 이제 좀 정신이 드셨군. 맞아, 그래서 땅이 움직인다는 거야!"

물렁이는 지구의 지각이 여러 개의 판으로 되어 있어서 땅이 아주 오랜 시간을 두고 움직인다고 설명해 주었다. 도비는 도무지 믿겨지지 않는 듯이 물었다.

"정말 대륙이 이동하는 거야?"

"화석을 보고도 몰라. 처음에는 과학자들도 너처럼 믿지 않았어. 하지만 남아메리카 동부 해안을 향하고 있는 곳과 아프리카 남부와 오스트레일리아를 맞춰보면 자연스럽게 이어진다는 걸 알게 되었지. 게다가 바위에 새겨진 자극의 방향이 이동한 것을 보고 대

글로소프테리스 화석

이 화석은 아프리카 대륙과 인도, 오스트레일리아, 남아메리카, 남극 대륙에서 공통으로 발견되는 식물 화석이다. 이 식물은 고생대 말기부터 중생대 초기에 있던 것인데, 이 화석으로 이들 대륙이 하나였다고 생각하고 있다. 이는 북반구 지역의 같은 시대의 식물들과는 전혀 다르기에 북반구와는 다른 대륙이었다고 생각하고 있다.

륙이 이동한다는 사실을 알아냈어."

"바위에 뭐가 새겨졌다는 거야?"

도비의 질문에 물렁이는 친절하게 대답해 주었다.

"지구는 거대한 자석이라고 할 수 있어. 광물들 중에는 쉽게 자성을 띠는 것들이 있는데, 이를테면 쇠가 들어 있는 돌들이지. 이것들이 지구의 자기장을 받으면 자석이 되어 나침반처럼 자극을 가리키게 되어 있어. 한 번 그렇게 되면 자기의 방향은 바뀌지 않아. 그런데 말이야, 이게 방향이 바뀌어 있다는 거야. 북극이 남극이 되고 남극이 북극이 되는 경우지. 이것을 봐도 대륙이 이동했다는 것을 금세 알 수 있어."

"그럼 이렇게 바닥에 딱 붙어 있는 땅이 끊임없이 움직인다는 거야? 정말 믿어지지 않아!"

도비가 무조건 거짓말이라고 우기기에는 증거들이 너무 많았다. 도비가 고개를 이리저리 돌리며 혼란스러워하자 물렁이가 어깨를 살짝 치면서 말했다.

자력, 자석과 자기장

자석 근처에 쇳가루를 뿌려 놓으면 쇳가루가 자석 주위에 가지런히 정렬하는 모습을 볼 수 있다. 이 쇳가루를 움직이는 힘을 자력이라고 하고, 자석처럼 그런 힘을 가진 물체를 자성이 있다고 한다. 자석이 쇳가루에 미치는 힘의 범위를 자기장이라고 한다. 자기장 안에 있는 물체는 자력을 받으면 원자가 자력의 방향으로 가지런히 되는데 어떤 물질은 이 자기장이 제거되어도 그 가지런함이 흩어지지 않는다. 우리가 자석을 만드는 물질들은 이런 성질을 지닌 것들이다.

남극 대륙

지구의 북쪽 끝인 북극은 바다 위의 빙산으로 되어 있지만, 남쪽 끝인 남극은 대륙 위에 빙하로 되어 있다. 남극 대륙은 남극권 이남의 거의 전부를 차지하고 있으며 남극해에 둘러싸여 있다. 면적은 약 1,440만 제곱킬로미터로 아시아, 아프리카, 북아메리카, 남아메리카에 이어 다섯 번째로 큰 대륙이다. 한반도 전체의 65배나 된다. 남극의 거의 전부는 두꺼운 얼음으로 덮여 있는데, 이 얼음은 평균 두께가 1,600미터나 된다.

대체로 남극은 지구상에서 가장 춥고 가장 건조하며 바람도 가장 많이 부는 대륙이다. 또 모든 대륙 가운데서 해발 고도가 가장 높다. 해안 지역을 제외하고는 강수량이 워낙 적기 때문에, 남극 대륙의 내륙 부분은 학술적으로 세계에서 가장 큰 사막이라 할 수 있다. 너무 춥기에 인간이 살 수 없으며, 따라서 선사 시대에 원주민이 살았던 흔적도 없다. 추위에 적응한 동식물들만이 남극에 사는데 펭귄, 물개, 이끼류의 식물, 그리고 여러 종류의 조류가 있다.

1820년에 러시아 탐험대가 처음으로 이 남극 대륙을 발견했으며, 20세기에 들어서 스콧, 섀클턴 등이 남극점에 처음 도달하기 위해 경쟁을 벌였으나 1911년 아문센이 처음으로 남극점을 밟았다.

현재 여러 나라의 과학자 4천여 명이 남극 대륙에서 여러 가지 과학 실험들을 하고 있다. 우리나라도 남극 대륙의 북쪽 킹조지 섬에 세종기지를 세우고 과학 연구를 하고 있다.

"수비대장, 걱정 마. 이제부터 대륙이 어떻게 변해 왔는지 보여줄 테니까. 그걸 보면 지구가 얼마나 불완전한지 알게 될 거야. 다시 원소 분해하는 데 시간이 좀 걸리니까 잠깐 조는 것도 괜찮아! 침만 흘리지 말고."

도비는 그렇지 않아도 한꺼번에 너무 많은 이야기를 들어서인지 졸리기 시작했다. 도비가 코를 '드르렁드르렁' 골자 붉은 캡슐도 뿌옇게 흐려지면서 '크르릉' 하는 요란한 소리를 내기 시작했다.

한참 잔 도비가 막 눈을 떴을 때였다. 물렁이가 누군가와 이야기를 나누고 있었다. 하지만 아무도 보이지 않고 물렁이 손에는 빨간 구슬밖에는 없었다.

"로봇아! 빨리 얘기해 줘. 어리바리 도비가 일어나기 전에. 어서!"

"삐옹. 3억 년 전 고생대 말기에 지구는 하나의 커다란 덩어리였엉. 그 덩어리를 판게아라고 말행. 그러다 중생대 1억 8천만 년 전에 로라시아 대륙과 곤드와나 대륙이 테티스 해를 사이에 두고 갈라져 있었엉. 그때는 대서양이 없고, 인도는 남극 대륙과 붙어 있었엉. 1억 4천5백만 년 전에는 곤드와나 대륙

으로부터 로라시아 대륙이 북쪽으로 떨어져 나가고, 인도가 북상하기 시작했징. 대서양도 차츰 열리기 시작하공. 현재는 새로운 해저 바닥이 남극 대륙을 둘러싸고 있는데 이것은 주위에 있는 바다 산맥인 해령이 확장되어서 그랭. 인도 대륙과 아시아 대륙이 부딪쳐 테티스 해 대부분 사라져 버렸징. 인도 대륙과 아시아 대륙이 충돌하면서 히말라야 산맥이 생겼공."

"설명만 들으니까 뭐가 뭔지 하나도 모르겠다. 좀 쉽게 얘기해 줘. 어리바리 도비한테 지구가 얼마나 불완전한지 알려 줄 수 있는 좋은 기회인데 통 이해가 안 돼."

물렁이가 머리를 흔들며 고민할 때 도비가 다가와 물렁이의 몸을 살짝 건드렸다.

"물렁이 박사님! 무슨 고민을 그렇게 해?"

도비가 두 눈을 부릅뜨며 쳐다보았다. 물렁이는 너무 놀라 한쪽에 납작하게 붙어 있던 입이 얼굴의 반을 덮을 만큼 휘익 커졌다.

"뭐? 내가 어리바리라고? 자기는 거짓말쟁이면서! 모르면 나처럼 솔직한 맛이라도 있어야지. 뭐? 우리 지구가 어쩌고저 쩌고하다고?"

도비는 그동안 당한 것이 억울하다는 듯 얼굴까지 붉혀 가며 물렁이를 몰아세웠다. 하지만 물렁이가 오히려 더 큰 소리를 쳤다.

"아무리 뭐라 해도 너는 어리바리야! 그동안 난 얼마나 열심히 공부했는지 알아? 요 손바닥만한 모니터를 보느라 눈알이 다 빠지는지 알았어."

그제야 도비가 조금 누그러졌다.

"그럼 이 조그만 붉은 구슬이 다 알려 주었다는 거야?"

"붉은 구슬이라고 부르지 마! 모든 변신이 가능한 최첨단 최소형 로봇이야. 우주를 여행하면서 우연히 만났어. 작기는

페름기와 석탄기

페름기_ 고생대의 여섯 '기' 가운데 마지막 '기'로, 2억 7천만 년 전부터 2억 5천1백만 년 전까지의 시대이다. 우랄 산맥 서쪽의 페름 부근에 잘 발달된 지층을 페름계로 부른 데에서 붙은 이름이다. 우랄 산맥 부근에서는 석탄계, 페름계, 트라이아스계가 순서대로 겹쳐져 있다. 페름기에는 곤충이 등장하고 양서 동물이 발달한다. 하지만 이 페름기 말의 대멸종의 시기에 전 생물종의 95퍼센트가량이 멸종하고 만다.

석탄기_ 고생대를 여섯 '기'로 나눌 때 다섯 번째 '기'이다. 약 3억 1천9백만 년 전부터 2억 9천9백만 년 전까지를 이른다. 석탄기라는 이름은 영국의 지질학자 코니베어가 붙인 이름으로 영국의 지층 가운데 석탄층을 많이 포함한 지층이기에 이런 이름을 붙였다. 하지만 영국에는 석탄기의 지층에만 석탄층이 있으나 다른 나라에는 중생대나 신생대의 지층에 석탄층이 많다. 그렇기 때문에 석탄이 나온다고 석탄기 지층이라고 해서는 안 된다. 거대한 나무들이 나타나 지구 위에 산소가 많아진 때이기도 하고, 암모나이트 조개와 산호 등이 활동한 시대이기도 하다.

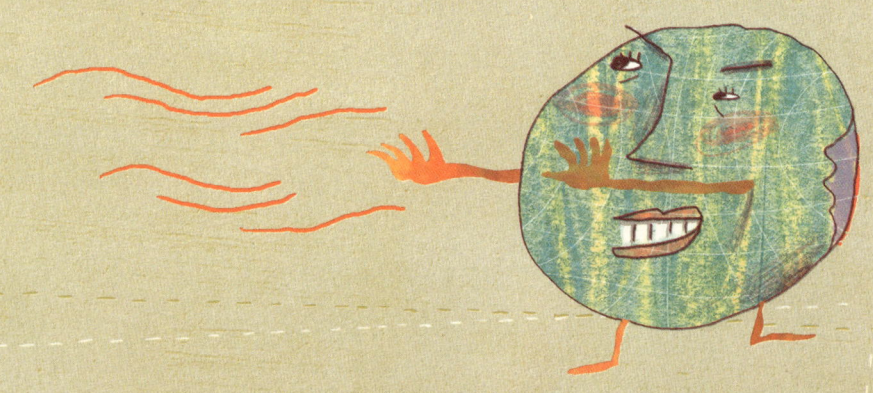

대륙 이동설

독일의 기상학자인 베게너가 1915년 대륙 이동설을 발표했다. 현재의 대륙은 판게아라는 이름의 커다란 하나의 대륙에서 갈라져 이동했다는 것이다.

대륙 이동의 증거로는 남아메리카 대륙의 동쪽 부분과 아프리카 대륙의 서쪽 부분의 해안선의 모습이 비슷하다는 점, 남아메리카 대륙과 아프리카 대륙에서 공통적인 생물 화석이 발견되었다는 것, 그리고 북아메리카 대륙과 유럽에서 같은 구조와 암석이 나타난다는 것이다. 애팔래치아산맥과 스칸디나비아 지역의 산맥을 이어 붙이면 산맥이 연장되고 발견되는 암석들도 비슷하다. 또 옛날 기후의 문제이다. 인도와 호주 등 지금 적도 부근의 땅에서도 빙하의 흔적이 나타난다. 이 지역들이 계속해서 적도 부근에 있었다면 여기에는 빙하가 있을 수 없는 것이다. 베게너는 이러한 증거들을 제시하면서 대륙 이동설을 주장했지만 학계에서 인정받지 못했다. 그 이유는 대륙이 이동하는 이유, 대륙을 이동하게 하는 힘을 설명할 수 없었기 때문이다.

이후 베게너의 이론에 흥미를 가진 학자들이 연구를 통해 증거들을 과학적으로 설명하고, 대륙을 이동시키는 힘은 맨틀의 대류라고 제시할 수 있었기에 이 대륙 이동설을 판 구조론으로 발전시켰다.

하지만 초능력을 발휘하는 양자 컴퓨터를 달고 있어 모르는 것이 없어."

그때였다.

"도비 대장 안녕! 그동안 입이 간질간질해서 얼마나 힘들었는뎅."

양자 컴퓨터

우리가 현재 쓰고 있는 컴퓨터는 반도체의 어떤 때에는 전기가 통하고 어떤 때는 통하지 않는 특성을 가지고 계산을 한다면, 양자 컴퓨터는 빛 알갱이와 같은 양자의 얽힘과 겹침과 같은 특성을 가지고 계산하는 컴퓨터이다. 현재 학자들이 시험적인 컴퓨터를 만드는 단계이다. 처리 속도가 아주 빠를 수 있고, 처리할 수 있는 자료량이 엄청나게 증가할 수 있기 때문에 미래의 컴퓨터로 기대하고 있다

어디선가 아기 같은 목소리가 툭 튀어나왔다. 말끝마다 이응자를 덧붙여 말하는 것이 우스웠다.

"네가 만물박사라는 로봇이야? 도토리만한 것이 날 속이다니! 아무튼 반갑다. 난 지구 수비대장 도비야. 네 이름은 뭐야?"

"이름 같은 건 없엉."

"그래? 그럼 너는 도토리만 하니까 토리몽이라고 부를게. 그런데 아까 그게 무슨 소리야? 남극이 떨어져 나가고 인도가 붙었다는 게."

"기다렁. 내가 그 시대 지도를 보여 줄 겡."

잠시 뒤에 토리몽이 모니터로 대륙이 이동한 지구 위의 땅의 모습을 고생대부터 차례대로 보여 주었다. 떨어져 있던 대륙들의 해안선들이 퍼즐처럼 착착 맞아떨어졌다.

로라시아 대륙과 곤드와나 대륙

로라시아 대륙은 유럽과 북아메리카, 그리고 인도를 제외한 아시아 대륙 등 북반구의 여러 대륙들이 포함되어 있었다. 기상학자 베게너는 하나의 초대륙인 판게아를 제시했지만, 남아프리카의 지리학자 알렉산더 뒤 투아는 원래부터 두 개의 큰 대륙이 있고, 이 두 대륙은 테티스 해라는 바다로 갈라져 있었다고 했다. 이 로라시아 대륙은 중생대에 현재의 유럽과 아시아, 북아메리카로 나누어진 것으로 보고 있다.

곤드와나 대륙은 현재의 아프리카 대륙, 오스트레일리아, 남아메리카 대륙, 남극 대륙으로 분리된 것으로 생각하고 있다. 여기에는 공통의 식물군인 글로소프테리스 같은 곤드와나 식물군의 화석이 발견되기 때문에 중생대까지는 한 대륙이었다고 보고 있다.

"어이구, 땅도 믿을 수 없는 건가. 아니지, 아니지! 저건 속임수일 뿐이야. 대륙은 거대한 땅인데 어떻게 움직이겠어. 다 우주인들 장난일 거야."

도비가 수염을 만지작거리며 방망이를 탁탁 내리쳤다.

"어휴. 진짜 답답해! 토리몽, 도비 머리를 원소 분해할 때처럼 분해해서 다시 붙이는 게 빠르겠다."

물렁이는 발을 동동 굴렀다.

"물렁앙, 너무 속상해하지 망! 도비가 너무 혼란스러워서 그럴 거야. 누구나 자신의 본 모습이 생각과 다를 때는 그럴 수 있거등."

토리몽은 도비에게 인내심을 가지고 설명했다.

"도비야, 대륙이 붙었다 떨어졌다 하는 건 지구 껍데기인 지각이 하나로 연결되어 있는 것이 아니라 여러 조각의 판으로 구성되었기 때문이양. 우리가 모르는 사이에 지구는 조금씩 움직이

징. 대륙과 대륙이 일 년에 일 센티미터씩 멀어지거나 가까워지고 있당."

"지구가 피자야? 판으로 구성되게."

도비가 물었다.

"지금부터 진짜 지구의 내부로 들어갈 거야. 그러면 조금 더 지구 가까이 다가갈 수 있을 거양!"

물렁이는 토리몽과 함께 뭐라고 중얼거리더니 버튼을 눌렀다. 주위가 뿌옇게 흐려지면서 토리몽은 캡슐로 변해 도비와 물렁이를 태우고 '크르릉' 소리를 내며 순식간에 땅을 뚫고 들어갔다.

지구 안으로

 '크르릉' 암석 뚫는 소리가 들렸다. 도비는 지각이 얼마나 두꺼운 건지 궁금했지만 물렁이가 또 어리바리하다고 흉볼 것 같아 차마 물어볼 수가 없었다. 그때 토리몽이 말했다.
 "지표면에서 지각의 두께는 평균 40킬로미터양. 어떤 지각은 6킬로미터밖에 되지 않는 곳도 있고 두꺼운 곳은 60킬로미터나 된단당. 보통 바다 속 지각이 땅의 것보다 얇아용."
 "표면에서 지구 중심까지 두께가 6,378킬로미터라고 했는데 무슨 기준으로 지각을 구분하는 거야?"
 도비가 물었다.

"오호, 머리에다 기름이라도 친 것 같군. 이제 잘 돌아가네."

물렁이가 놀렸지만 도비는 대꾸하지 않았다. 토리몽은 지구의 학자들이 지진파를 연구하다가 파동의 속도가 갑자기 변하는 것을 보고 지각의 두께를 알아낸 것이라고 말해 주었다. 지각 밑에는 맨틀이라 부르는 것이 있다고 했다.

그때였다. 갑자기 도비가 자기의 수염을 만지며 소리를 질렀다.

"저기, 밖에 보이는 저 붉은 덩어리는 뭐야?"

"그건 내가 말해 줄게."

물렁이가 다시 나서면서 설명해 주었다.

"저게 바로 맨틀이야. 지각과 가까운 곳의 맨틀 온도는 무려 천 도야. 맨틀이 보통 두께가 2,900킬로미터인데 백 미터씩 내려갈 때마다 온도가 3도씩 올라가. 압력도 내려갈수록 높아지지. 맨틀 밑에는 외핵이 있고, 그 밑에는 지구의 중심부인 내핵이 있어."

"그렇게 압력이 올라가면 내 몸은 터지고 말거야. 아니지. 터지기 전에 먼저 녹아버릴 것 같아. 왜 이리 뜨거운 거야?"

도비가 몸을 감싸며 죽는 시늉을 했다.

"정신 차려! 토리몽에게 초능력이 있다는 사실을 잊었어? 덩칫값 좀 해!"

물렁이는 소리를 버럭 지르면서도 도비를 토닥토닥 두드려 주었다. 도비는 얌전한 학생처럼 조용해졌다.

계속 내려가던 토리몽이 어느 순간 가만히 서 있었다.

"왜 가만히 있는 거야? 빨리 여기서 나가자. 고장 난 거 아냐?"

도비가 하얗게 질린 얼굴로 말할 때였다. 갑자기 토리몽이 뭔가에 빨려 다시 내려갔다.

"물렁아, 토리몽이 어디로 떨어지는 거야? 고장 난 거야?"

"잘 봐. 뭔가 이상하지 않아?"

물렁이가 작은 목소리로 말했다.

"뭘 보라는 거야? 지옥이 이렇게 생겼으니 미리 봐 두라는 거야?"

"지구 수비대장이 뭐 그래! 방정맞기는."

도비는 지구 수비대장이라는 말에 겨우 정신을 차릴 수 있었다. 그러자 물렁이가 특수 안경을 주었다. 지나간 영상을 추적해서 시간의 흐름을 아주 빨리 당겨 볼 수 있는 안경이라고 했다. 수만 년 동안의 움직임을 한순간으로 보여 주는 안경이

있다.

"수비대장, 맨틀을 자세히 들여다 봐."

맨틀은 시간을 단축해 주는 안경으로도 아주 느리기는 했지만 굼실굼실 움직이고 있었다.

"아니, 뭐가 저렇게 움직여?"

"맨틀이 대류하는 거야."

"어? 대류는 또 뭐야?"

"대류는 찬 것과 더운 것의 무게가 다르기 때문에 움직이는 거야. 물을 주전자에 넣고 끓이면 불에 가까이 있는 더운 물은 가벼워져서 올라가고 찬 물은 내려가서 섞이는 것처럼. 맨틀 안에서는 방사성 물질이 붕괴하면서 열이 발생하고, 핵에서도 열이 나오기 때문에 온도가 달라져서 아주 서서히 움직이는 거야. 그러니까 맨틀은 아주 천천히 움직이기는 해도 물처럼 액체인 셈이지."

"지구 안에 액체가 있다고? 정말 믿을 수 없어!"

도비가 소리를 질렀다.

"하지만 사실이야. 이런 일은 우리가 알지 못하는 사이에 계속 일어나고 있어. 지구에서 일어나는 지진과 화산도, 판들이 움직이는 것도 알고 보면 맨틀이 움직이기 때문에 생기는

화산

지하 깊은 곳에서 생성된 마그마가 벌어진 지각의 틈을 통하여 밖으로 나오면서 휘발하기 쉬운 성분은 가스로 뿜어 나오고 나머지는 용암이나 화산 쇄설물로 분출하여 만들어진 산을 말한다. 화산에는 넓은 대지로 나오는 것도 있고, 바다 밑에서 뿜어 나오는 해저 화산도 있다. 현재 활동하고 있는 화산을 활화산이라고 하고, 활동을 멈춘 화산은 휴화산이라고 한다.

거야."

도비는 땅속에서 이런 일들이 벌어지는 것이 믿어지지 않았다. 그렇게 단단하고 튼튼하다고 믿었던 땅속에 뜨거운 액체가 있을 줄이야!

"도비야, 이제는 중대한 사실을 말해 줄까? 정말 너한테 이걸 보여 주고 싶었거든."

물렁이가 심각한 눈으로 도비를 쳐다보았다.

"너는 여태껏 지구가 가장 튼튼하고 안전하다고 말했지? 특히 땅이 지구에서 가장 아름답다고 말한 거 기억해? 토리몽이 너에게 아주 보기 드문 장면을 보여 줄 거야."

그러자 토리몽이 말했다.

"난 도비를 괴롭히고 싶진 않앙. 있는 그대로를 보여 줄 뿐이양."

토리몽은 맨틀과 지각의 경계면으로 올라가고 있었다. 그런데 놀라운 일이 벌어지기 시작했다. 꽉 맞물려 있기는 했지만 맨틀 위에 있던 판과 판 사이에 틈이 보였다. 놀라운 것은 그

틈에서 뜨거운 것이 올라오고 있는 것이었다.

"물렁아, 이게 어떻게 된 거지?"

"어디로 흘러가는지 너한테 보여 줄 테니. 가 보자."

순간 토리몽이 뿌연 안개에 감싸이면서 조그만 바위 모양으로 변했다. 도비는 어질어질했다. 맨틀에 있는 뜨거운 열점이 지각 가까운 곳에 있는 암석을 녹여서 붉은 마그마를 만들어 내고 있었다. 주변의 돌들이 녹아 들 때마다 도비는 심장이 뜨끔뜨끔거렸다. 녹은 마그마들이 지각의 틈새를 따라 맹렬하게 올라갔다. 갑자기 커다란 새가 된 듯 토리몽이 하늘로 치솟아 올랐다. 거대한 붉은 기둥이 하늘로 폭발한 것 같더니 멀리 떨어졌다. 유리에는 시커먼 가스와 화산재가 뒤덮여 앞을 내다볼 수가 없었다.

"앞이 하나도 안 보여. 머리털이 다 빠져 버릴 것 같아."

도비는 어쩔 줄 몰라 했다.

"수비대장이 봐서 좋을 게 없을 텐데."

열점

마그마가 분출되는 지점으로서, 맨틀 깊은 곳에 고정되어 있다. 어떤 학자들은 이 열점이 백 군데도 넘는다고 한다. 이 열점은 맨틀에 고정되어 있어 그 위로 지각판이 움직이면 지각이 녹아 화산을 뿜어 올린다. 태평양에 있는 하와이 제도가 바로 이 열점 위의 지각에서 뿜어 나온 화산으로 만들어진 섬이다. 열점을 지나가는 지각 위에는 화산으로 섬이 만들어지고 지나간 자리에 남은 섬은 바닷물과 비바람에 깎여 차츰 없어진다.

급기야 도비는 금방이라도 토할 듯 캑캑거렸다. 그제야 토리몽이 방향을 틀더니 거대한 먼지 속으로 날았다. 조금 뒤에야 앞이 희미하게 보이기 시작했다.

창문을 통해 아래를 내려다보던 도비가 갑자기 소리를 질렀다.

"저건 뭐야? 토리몽, 빨리 밑으로 내려가 보자. 빨리, 빨리!"

토리몽이 땅에 내리자마자 도비는 문을 열더니 밖으로 튀어나갔다. 그 모습을 본 물렁이가 씩 하고 웃으며 재빨리 버튼을 눌렀다. 그러자 순식간에 토리몽의 모습이 사라졌다.

밖은 마치 지옥 같았다. 달걀 썩은 것 같은 이상한 냄새가 나서 숨쉬기가 힘들었다. 사방에서 동물들의 울부짖는 소리가 들리고, 뿌리 채로 뽑힌 나무들이 불타고 있었다. 도비는 이리저리 뛰며 어찌할 바를 몰랐다.

그때, 가느다란 신음소리가 들렸다. 온몸에 불이 붙은 아기 사슴이 고통스럽게 울부짖고 있었다. 도비는 급한 마음에 커다란 손바닥으로 불을 눌러 껐다. 아기 사슴의 커다란 눈가에 눈물이 어려 있었다. 도비가 아기 사슴을 안아 안전한 곳으로 옮겼다. 하지만 자꾸 불붙은 곳으로 오려고 했다.

"빨리 가란 말이야. 빨리! 다시 폭발이 일어날지 몰라!"

도비는 버럭 화를 냈다. 하지만 아기 사슴은 쓰러져 있는 어미 사슴에게로 다가가 품속으로 파고들었다. 그러나 어미는 꼼짝하지 않았다. 도비는 더 이상 볼 수 없어 아기 사슴을 번쩍 안았다. 아기 사슴은 어미를 향해 버둥거렸다.

화산 쇄설물

화산이 폭발할 때 분출되는 뜨거운 화산 가스와 바위·조각들이 순식간에 쏟아져 나오는 것으로 엄청나게 큰 파괴력을 가지고 있다. 이것이 산비탈로 흘러내리는 속도가 무척 빠르기 때문에 도저히 피할 수가 없다. 그리고 이 내부 온도는 300도에서 800도 정도로 뜨거워 지나가기만 하면 모든 것들을 녹여 버린다. 서기 79년에 일어난 베수비오 화산 폭발 때 폼페이라는 한 도시를 완전히 묻어 버린 것도 바로 이 화산 쇄설물이다. 또 1902년 서인도 제도 펠레 화산 폭발 때도 불과 몇 분 만에 수만 명의 인명 피해를 냈다.

　아기 사슴을 안전한 곳으로 피난시킨 도비가 방망이의 스위치를 눌러 거미줄로 만든 그물을 꺼내 다친 짐승들도 불을 피해 안전한 곳으로 옮겼다. 바닥 중간 중간에서 간헐천이 터져 나왔고, 화구에서는 뜨거운 용암이 흘러나왔다. 도비가 막 뒤돌아서려는 순간 분화구 쪽에서 다시 폭발이 일어났다. 순식간에 불덩이가 눈앞에 날아들었고 용암이 공중으로 치솟아 올랐다. 하지만 도비는 쓰러진 동물들을 옮기기에 바빴다. 머리털이며 수염이며 온몸에 불꽃이 붙었다.

　"도비야, 어서 올라타. 여기를 벗어나야지!"

도비가 겁을 집어먹고 이리 뛰고 저리 뛰는 모습을 기대했던 물렁이는 김이 빠졌다.
"어떻게 나 혼자만 살겠다고 도망을 가!"
도비는 전쟁터처럼 참혹하게 변한 곳을 둘러보며 울부짖었다. 물렁이가 겨우 달래 토리몽에 올라탔지만 도비는 아직도 가스가 뒤덮인 어두운 창밖 풍경만 바라보았다. 한참 동안을 달렸지만 여전히 하늘은 뿌옇게 흐려져 있었다.
"어, 저기 마을인 거 같은데!"
물렁이의 말에 도비는 눈에 힘을 주고 마을을 쳐다보았다. 뾰족하게 남아 있는 지붕들만이 예전에 마을이었다는 것을 짐작하게 했다.
"아, 마을이 사라졌어. 모든 것이 회색빛이야!"
도비가 머리를 감쌌다.
"화산재가 마을을 뒤덮었당. 화산에서 제일 무서운 건 화산 쇄설물

이양. 뜨겁기도 하고 속도도 빨라 피하기가 어렵당."

"그만! 그만 해!"

도비가 울부짖었다. 화산재의 그을음으로 시꺼메진 도비의 얼굴은 눈물과 콧물로 범벅이 되었다. 물렁이는 도비의 눈물을 보자 마음이 아팠다.

토리몽은 잿빛으로 뒤덮여진 마을 위로 서서히 날았다. 화산이 터진 화구로 올라섰을 때에는 어느새 용암이 굳어 시커먼 바위로 변해 있었다.

"얼마 전만 해도 여기에는 많은 생명들이 편안하게 살았겠지? 가엾은 생명들! 구조 요청도 못하고 죽어가다니! 그렇다면 가장 안전한 곳은 바다뿐인가?"

물렁이는 시무룩한 얼굴로 중얼거리는 도비를 달래 주려고 애썼다.

"도비야, 우리 바다로 갈까?"

물렁이가 네모 버튼을 누르자 토리몽은 다시 '크르릉' 소리를 내며 힘차게 달렸다.

지구 내부의 구조

지구가 지각, 맨틀, 외핵, 내핵으로 구성되어 있다고 생각하고 있다. 지각은 평균 두께가 40킬로미터고, 맨틀은 지각 바로 아래 있으며 지구 전체 부피의 대부분인 80퍼센트를 차지한다. 깊이가 약 2,900킬로미터이고 지각과 가까운 곳의 온도는 천 도, 외핵과 가까운 곳의 온도는 3천 도이다. 외핵은 약 3,500킬로미터까지이고 외핵의 온도는 약 5,500도이다. 나머지는 내핵이고 온도는 약 6천 도이다.

지구 내부의 구조를 알게 된 것은 지진파를 연구한 덕분이다. 지진파에는 P파와 S파라는 두 파동이 있는데 지진이 일어났을 때 이 두 파동의 변화와 속도를 분석하여 지구 안에는 이런 것들이 있다고 짐작한다.

맨틀의 존재는 모호로비치치라는 지진학자가 지진파의 속도가 갑자기 변하는 것을 알아내면서 처음 발견했다. 지각과 맨틀의 경계점을 그의 이름을 따서 모호면이라고 부른다. 맨틀과 내핵의 구분을 발견한 사람은 구텐베르크이고, 외핵과 내핵의 구분을 발견한 사람은 덴마크의 여성 과학자 잉게 레만이다.

지각을 구성하는 암석은 화강암 같은 암석에서부터 점차 깊이 들어가면 현무암 같은 암석으로 변한다. 맨틀은 철과 마그네슘이 많은 감람석 같은 광물로 되어 있고, 외핵과 내핵은 철이 주성분이다.

바다 속으로

바다 속에는 녹색 바닷말과 푸른 해초들이 어우러져 신비로운 정원 같았다. 해초 사이로 색색의 물고기들이 오가는 모습이 평화로웠다. 그제야 도비 얼굴이 환해졌다.

"그래. 지구는 이렇게 아름다운 곳이야."

토리몽은 한 마리의 물고기가 된 듯 물살을 따라 천천히 움직였다. 그런데 뾰족 튀어나온 바위 같은 것이 길쭉하게 연결되어 있는 게 나타났다.

"저게 뭐야? 꼭 산처럼 생겼잖아."

도비가 물었다.

"저것은 바다 산맥이양. 해령이라고 부르징. 해저에도 육지처럼 산도 있고 골짜기도 있고, 평야도 있엉. 육지와 연결된 수심 200미터까지를 보통 대륙붕이라고 하는데 대부분의 물고기들과 석유 같은 천연자원들이 여기에 있엉. 보통 바다는 지구 전체 면적의 약 71퍼센트가 되고 평균 깊이는 3,800미터양."

토리몽의 말이 채 끝나기도 전에 도비가 방망이의 버튼을 찍 눌렀다. 그러자 그 속에서 커다란 물안경과 스노클, 그리고 오리발이 나왔다.

"수비대장, 대체 뭐하려고 그러는 거야?"

"대륙붕에 석유가 있다고 하잖아. 석유만 발견한다면."

물렁이가 뭐라고 하기도 전에 도비가 토리몽의 문을 꾹 눌렀다. 순식간에 바닷물이 토리몽 속으로 몰려들었다. 도비는 밀려드는 거센 수압에 어쩔 줄을 몰랐다.

그때 토리몽이 비상 프로그램을 켜서 문을 닫았다.

"욕심쟁이 수비대장 때문에 해저에서 납작이가 될 뻔했네. 어휴, 그나저나 지구는 볼수록 참 신비롭다. 겉으로 본다고 다 본 게 아니잖아."

"그걸 이제야 알았어? 그래서 지구는 신비의 별! 생명의 별이지!"

도비는 어깨를 으쓱거리며 말했다.

토리몽은 길게 연결된 산맥을 따라 천천히 갔다. 그런데 가도 가도 끝이 없었다.

"무슨 산맥이 이렇게 길어?"

도비는 짜증이 났다.

"이 산맥이 세상에 가장 긴 대서양 중앙 해령이양. 무려 11,300킬로미터나 되징. 아이슬란드에서부터 남극해 끝까지 이어졍."

도비는 그 길이를 가늠하지 못해 머리를 갸웃거렸다. 그때였다. 해령의 끄트머리에서 연기가 피어오르고 있었다.

"바다에서 무슨 연기지? 저거 또 화산이 폭발하는 거 아냐?"

도비가 중얼거렸다.

"맞앙. 해령 부근에는 천천히 분화하는 화산이 많징. 뜨거운 마그마를 분출하면서 새로운 지각을 만들어내고 있당. 이런 해령이 있는 곳은 지각이 불안정해서 언제 화산이 폭발할지 몰랑."

그 말을 들은 도비는 불안해졌다. 끝없이 펼쳐졌던 해령이 지나고 평야와도 같은 대양저를 지나갔다. 어느새 바닷물이 깊어지면서 검은 돌이 깔려 있는 대양저가 나타났다. 도비는 뭔지 모를 불길한 예감이 들었다.

갑자기 토리몽이 심하게 흔들거리더니 순식간에 검고 깊은 구덩이 속으로 들어갔다. 창문으로 보이는 것이라고는 시커멓고 어두운 물뿐이었다. 간혹 투명하고 기다란 뱀 같은 것들이 지나기도 하는 음침하고 괴상한 곳이었다.

"난 돌아갈래. 아직은 지옥 구덩이 속에 갇히고 싶지 않아. 난 할 일이 많단 말이야, 토리몽!"

그때였다. '지직' 하는 소리가 나면서 신호음이 들렸다.

"준비 없이 갑자기 너무 깊은 곳에 들어와서 핵력이 약해졌엉. 조금만 기다려 봐아아앙."

토리몽이 길게 대답을 끌더니 신호음이 끊겼다. 그런데 물렁이가 도비를 덥석 안았다.

"도비야, 난 아직 내 별도 찾지 못했어. 지구 바다 깊은 곳에 파묻히고 싶지 않아."

물렁이의 몸이 순식간에 넓게 퍼지면서 얼굴빛이 퍼렇게 변했다. 눈동자도 시뻘겋게 변했다. 도비와 물렁이는 서로 꼭 끌어안고 덜덜 떨었다.

"미안행! 이제야 겨우 해결했엉. 여기는 세상에서 가장 깊은 마리아나 해구에 있는 비티아즈 해연인데 깊이가 무려 11,034미터가 된당. 이곳은 수압도 엄청나징."

"백두산도 쏙 들어가고도 남겠다."

"너는 아는 산이 백두산밖에 없지?"

물렁이가 도비에게 퉁바리를 주며 말했다. 어느새 물렁이의 몸 색깔이 되돌아오기 시작했다.

그런데 토리몽이 이리저리 흔들거렸다.

"갑자기 기계가 이상한 반응을 일으켰엉. 아무래도 수압 조정을 잘못한 것 같앙. 어디론가 갈 때는 미리 그 지역에 맞게 몸을 바꾸어야 하는데 아직 제대로 적응하지 못했엉."

작은 모니터에 불규칙한 선들이 흔들거렸다. 물렁이가 불안한지 몸이 울룩불룩 변했다. 도비가 물렁이의 손을 꼭 잡아주었다. 그런데 갑자기 큰 물결 같은 것이 휘몰아치더니 천지가 진동하는 소리가 나면서 어마어마한 충격이 느껴졌다. 그러더

니, 뒤에서 거대한 힘이 토리몽을 밀어 버렸다. 토리몽은 종이 배처럼 힘없이 밀렸다. 도비는 유리를 통해 밖을 내다보았다. 무시무시한 물결이 해안을 향해 밀려가고 있었다. 도비가 놀라 물렁이에게 뭐라고 말하는 순간 토리몽이 하늘로 붕 떠올랐다. 잠시 뒤, 커다란 바위에 떨어진 듯 '쾅' 소리가 나면서 도비는 정신을 잃었다.

도비는 뜨거운 햇살에 눈을 떴다. 푸른 하늘에는 맑은 구름 몇 조각 떠 있었다. 도비가 고개를 돌려 주변을 둘러보니 주변은 온통 쓰레기장 같았다. 나무가 쓰러진 채 이리저리 얽혀 있고 부러진 집 기둥이며 쓰레기가 사방에 뒹굴고 있었다. 옆에서는 물렁이가 걱정스러운 듯이 내려다보았다.

"수비대장, 난 네가 죽는 줄 알았어."

물렁이의 얼굴에 깊은 시름이 있었다.

"물렁아, 여긴 어디야? 토리몽은 어떻게 됐어?"

"토리몽이 잠시 이상을 일으켜서 쓰나미에 밀려

쓰나미

쓰나미는 바다 속의 지진으로 바닷물이 급격하게 이동하여 일어나는 해일을 말한다. 태풍과 같은 바람에 의한 물결과 다르다. 예전부터 일본이 지진 때문에 일어나는 해일의 가장 큰 피해자였기에 지진파에 의한 해일을 일컫는 일본말이 사용되었다. 대개 지각의 얕은 곳에서 일어나는 진도 6.3 이상의 지진과 함께 일어나는데, 그 외에 해저 화산 폭발, 단층 운동 같은 급격한 지각 변동 때문에도 일어난다.

바다 속의 지형

바다 속의 지형과 경사에 따라서 대륙붕, 대륙사면, 대양저로 나눈다. 대륙붕은 육지에 붙어 있는 수면에서 200미터까지로 경사가 완만하고 석유 같은 자원이 있는 곳이다. 대륙사면은 대륙붕에서 대양저까지의 경사면으로 지역마다 경사의 차이가 크다. 평균 약 5도 정도이고, 급한 곳은 25도인 곳도 있다. 대륙사면은 해양 지각과 대륙 지각의 경계이며 보통은 해저 협곡이 있다. 대양저는 4천에서 6천 미터의 넓고 평평한 해저에 해산이 있고 깊은 바다이다.

멀리 떨어진 여기 인도네시아까지 왔어."

"무슨 일이 일어난 거야?"

"해저에서 지진 해일이 일어났어. 내가 말했었지. 지각은 맨틀 위 거대한 판 위에 있다고. 이번에 해저에서 일어난 것은 지각판이 엇갈리면서 갑자기 큰 충격을 받아 지진 해일이 발생한 거야. 그 충격의 여파로 거대한 쓰나미가 일어나서 여러 나라들로 밀려갔어. 그 피해로 이삼십만 명이 죽었고 오백만 명이 넘는 이재민이 발생했어."

"뭐라고 그 짧은 시간에 그렇게 많은 사람들이! 그렇다면 해저판도 안전하지 않다는 거야?"

"그렇지. 바다도 판 위에 있기 때문에 맨틀의 영향을 받을 수밖에 없어. 특히 여기는 지각을 이룬 판들의 경계에 있어서 화산이 자주 발생해. 태평양 주위와 지중해, 중앙아시아에 띠처럼 집중되어 있다고 해서 화산대라고 불러. 언제 또 이 같은 일이 발생할지 몰라."

"그렇다면 지구는 끊임없이 움직이는 끈적끈적한 액체 위에 몇 동강이 난 채 이리저리 떠 있는 가랑잎 같은 신세네!"

"그런 액체는 아니지. 맨틀은 조금씩 서서히 움직이기 때문에 거의 느낄 수조차 없어. 시계의 시침이 움직이는 속도의 만분의 일이 될까 말까 한 속도지. 아마 사람이 한평생 지구에 머물러 있는 동안에도 자기 키 정도밖에 움직이지 않을걸?"

"그렇다면 그 느린 움직임이 우리 인간들에게는 그렇게 큰 피해가 된다는 거구나……."

도비는 한숨을 길게 내쉬었다.

해령

바다에 있는 산맥 모양이라 해령이란 이름이 붙었다. 해령은 판이 생겨나는 곳이다. 맞닿아 있는 두 개의 판은 맨틀 대류에 의해 이동하고 서로 멀어지는 부분일 경우에는 빈 공간을 채우기 위해 마그마가 상승하여 빈 공간을 채우게 된다. 이때 상승하는 곳이 주변보다 높기에 해령이 만들어진다. 해령에서 올라온 마그마는 바닷물에 냉각되어 암석권을 형성하고 새로운 마그마가 올라오면 좌우로 밀려난다. 따라서 해령을 중심으로 더욱 멀어질수록 암석은 오래된 것이다. 또한 지각이 새로 만들어지면서 좌우로 밀리기 때문에 해령을 중심으로 좌우 대칭인 모습이다. 벌어지는 암석권인 판과 판 사이를 매우기 위해 맨틀 부분이 올라오면 압력 감소로 마그마가 된다. 이때 만들어지는 암석들은 바닷물 때문에 급히 식으면 현무암이 되고, 안에서부터 천천히 식으면 반려암이란 암석이 된다. 해령에서는 마그마가 바닷물에 급히 식어 암석을 만들기 때문에 용암이 베개 모양으로 특이한 모습을 하게 된다. 용암은 뜨거운 마그마의 겉이 되고 냉각이 되지만 안은 뜨거운 상태이다. 계속 분출되는 마그마는 냉각된 마그마를 밀게 된다. 그 힘을 이기지 못하면 상대적으로 약한 부분이 터지면서 마그마가 새어 나오고 이 마그마는 다시 물에 닿아 겉만 식는다. 이러한 과정이 반복되어 베개 용암이 만들어진다.

지구가 약을 쥐고 있다고?

　지구 곳곳에 일어나는 여러 가지 일들을 본 도비는 자신이 참 한심스럽게 느껴졌다.

　"난 지구를 구하는 수비대장이 아니라 남들에게 자랑하기 위한 수비대장이였던 것 같아. 난 생각도 짧고 지혜롭지 못해. 내가 지구 수비대장으로 있는 한 지구에는 끊임없이 위험한 일이 생길 거야."

　도비는 부쩍 의기소침하고 우울해 하는 날이 많았다. 보다 못한 물렁이가 도비를 위로해 주었다.

　"도비야, 너무 기죽지 마! 비록 지구는 불완전하지만, 스스로를 지키는 힘도 있어. 내가 처음 지구에 왔을 때 토리몽이 나에게 제일 먼저 한 말이지."

물렁이가 토리몽의 버튼을 꾹 눌렀다. 토리몽은 제트기처럼 대기권으로 '씽' 날아갔다.

주변을 둘러본 도비가 말했다.

"어, 여기는 대기권이네. 지구에는 달걀 껍질보다 얇은 막

만 있다고 다시 한번 확인시키는 거야?"

물렁이가 손사래를 치며 말했다.

"여기는 대기권이 맞아. 대기권은 지구인들에게 얼마나 든든한 막인지 몰라. 비록 아주 얇은 막이지만 이 대기권이 태양이나 외계에서 오는 해로운 빛을 흡수하고 운석이 충돌하는 것을 막아 주는 보호막 역할을 해. 또 지표가 발산하는 복사열의 일부를 흡수해서 지구를 따뜻하게 해 주기도 하지. 그뿐만이 아냐. 열을 고르게 퍼뜨려 지구 표면 전체 온도 차이를 줄어들게도 해. 다른 행성에는 이런 막이 없어서 낮과 밤의 온도 차이가 무려 백 도가 넘는 곳도 있어. 그렇기 때문에 지구는 생명을 품을 수 있게 된 거야."

도비는 조금 놀란 눈으로 대기권을 쳐다보았다. 눈에서 조금 빛이 나는 것도 같았다. 하지만 금세 고개를 저었다.

"그러면 뭐해? 여기서 막아줘도 지구 안에서 다 흔들어 놓는데."

"그렇다면 다시 보여 줄 게 있어."

복사열

대류를 통해서 열이 전달되지 않고, 열이 직접 이동하는 것을 말한다. 따라서 중간에 공기가 있거나 없거나에 관계없이 공간을 통과하기 때문에 열전달이 직접적이고 순간적이다. 태양의 빛을 받은 지구의 표면이 달구어지면서 이를 다시 우주로 쏟아내는 열을 복사열이라고 한다.

온실 효과

태양이 지구를 비추면 지구의 표면이 데워진다. 그러면 표면은 다시 열을 방출하는데 대기가 이를 묶어 두는 역할을 한다. 이런 현상 때문에 지구는 낮과 밤의 온도차가 많이 나지 않는 것이다. 열을 묶어 두는 역할을 하는 기체로는 이산화탄소, 수증기, 메탄 등을 꼽을 수 있다. 이 가운데 가장 큰 역할을 하는 것은 수증기이다. 이 기체들이 태양으로부터 오는 짧은 파장의 빛은 잘 흡수하지 않고, 지표에서 발산되는 긴 파장의 열은 잘 흡수하기 때문이다.
하지만 지금은 이산화탄소의 배출량이 많아져 지구의 기온이 점점 더 높아진다고 보고 있다.

도비가 또 버튼을 꾹 눌렀다. 그러자 토리몽이 기다란 나사로 변하더니 쿵쿵거리며 빠르게 땅속으로 파고 들어갔다.

"도비야, 우리 맨틀에 들어가 본 적 있지?"

맨틀이란 소리에 도비는 별안간 손사래를 치며 다시 돌아가자고 우겼다. 거기에서 겪은 끔찍한 일들을 더 보고 싶지 않았다.

"도비야, 지구 내부가 무엇으로 된 줄 알아?"

"믿고 싶지 않지만 끈적끈적한 물질로 돼 있어. 살아서 꿈틀거리면서 언제 어디서 인간을 향해 시커먼 손톱을 세울지 모르잖아."

"과연 그럴까?"

물렁이는 씩 웃으며 말했다.

그러는 사이에 토리몽은 자꾸만 지구 중심부로 나아갔다. 지각을 지나고 맨틀 속으로 들어왔다. 도비는 벌겋게 움직이는 맨틀 속에서 사시나무 떨 듯 몸을 떨었다. 시뻘건 것이 옷 속으로 날름날름 들어오는 것 같아 소름끼쳤다. 그런데 더 내려가자 끈적임이 덜한 물질이 보였다.

"여긴 외핵이야. 철과 니켈, 탄소로 이루어져 있으며 반액체야. 만져 볼래?"

물렁이가 농담 삼아 말했다.

"만져도 돼?"

"좋으시다면. 한 5천 도쯤 되니까."

"와! 정말?"

토리몽은 한참을 이글거리는 물질 속에 있더니 어느새 딱딱한 곳으로 들어갔다.

"지구 내부로 들어간다더니. 여긴 왜 이렇게 딱딱하지?"

도비가 투덜거렸다.

"여긴 내핵이야. 온도가 무려 6천 도지."

"그렇게 뜨겁단 말이야? 그런데 왜 고체로 되어 있어?"

"그건 압력이 높아 고체

외핵

지표에서부터 약 2,900킬로미터에서 약 5,100킬로미터까지 부분으로 액체 상태로 존재하는 핵의 바깥쪽 부분을 말한다. 외핵의 구성 물질은 순수한 철보다 밀도가 낮게 나타난다. 따라서 외핵은 순수한 철과 니켈 같은 무거운 물질로만 이루어진 것이 아니라 황, 규소, 산소와 같은 가벼운 원소와의 화합물이라고 추정하고 있다. 외핵은 강한 자기장을 띠고 있는 자석과 같아서 자기장이 지구를 보호하는 역할을 하고 있다.

내핵

지표 아래 약 5,100킬로미터에서 중심부까지의 부분을 가리킨다. 내핵은 지진파를 살펴본 결과 고체로 추정하고 있다. 온도는 높지만 압력도 높아 고체 상태인 것이다. 지구 깊은 곳의 물질을 추정하는 데 도움을 주는 것은 운석의 성분이다. 지구의 내핵은 밀도가 커서, 철, 니켈 등을 주성분으로 하는 무거운 금속들로 이루어져 있을 것으로 짐작하고 있다. 따라서 내핵은 부피는 작지만 지구 전체 무게의 상당 부분을 차지한다.

가 된 거야."

"그런데 이게 지구 보호와 무슨 상관이 있어?"

도비는 따지듯 물었다.

"지구가 거대한 자석이라고 한 거 기억나지? 그 자석이 모두 외핵 금속에서 나온 거야. 자성을 띤 금속이 회전을 하면서 지구에 자기장이 생기는 거지. 이 자기장이 태양으로부터 날아오는 높은 온도의 미립자와 방사선들을 막아 내는 역할을 해. 만일 자기장이 없다면 우주에서 날아오는 미립자들과 방사선들을 막지 못할 거야. 그러면 지구 생명체들은 유전자에 심각한 손상을 입어 괴상한 생명체들이 탄생할걸."

"눈에 보이지 않는 것들이 해를 입혀 봐야 얼마나 입히겠어?"

도비는 말을 하며 혀를 쏙 내밀었다.

"내 말을 못 믿겠단 말이야?"

도비가 자신의 말을 인정하지 않자, 잔뜩 흥분한 물렁이는 둥근 버튼을 눌렀다. 버튼을 누르는 물렁이는 점점 짙은 초록색으로 변해 갔다. 물렁이의 끙끙거리는 소리가 점점 높아지자 얼굴색이 오렌지색으로 변하고 급기야 붉은색으로 되었다. 그리고 공기를 잔뜩 집어넣은 것처럼 빵빵해졌다. 도비는 물렁이가 터져 버릴까 걱정이 되었다. 그때 갑자기 토리몽 창문의 색깔이 변하는가 싶더니 시퍼렇고 붉은 가느다란 빛들이 도비의 몸을 감싸기 시작했다. 그 빛이 도비를 뱅글뱅글 돌렸다. 도비는 몸속에 있는 장기들이 배배 꼬이는 것 같고 몸이 실룩실룩 움직이면서 온몸에서 땀이 흘러내렸다.

"으윽. 그만, 그만 해!"

그제야 푸르스름한 빛들이 사라졌다. 도비는 그 자리에 풀썩 고꾸라졌다. 정신을 차린 도비가 모니터를 물끄러미 쳐다보았다. 모니터 속에 이상한 물체가 하나 서 있었다. 털이 하나도 없는 맨몸뚱이였다. 얼굴이 허옇고 눈동자도 하얗다.

"윽, 이게 뭐야? 귀, 귀신이다!"

놀라는 도비 옆에서 물렁이가 흐물흐물 웃었다. 아차! 생각한 도비가 자신의 머리와 얼굴을 만져 보았다.

"아아악! 내 머리, 내 머리! 대머리가 됐어!"

도비가 데굴데굴 구르면서 울부짖었다.

"이제 알겠엉? 지구의 자기장이 얼마나 중요한징!"

토리몽이 지지직거리면서 말했다.

"물렁이의 장난이 도가 넘쳤징. 잠시 기다령."

모니터 위로 이상한 기호들이 흐르면서 토리몽이 뱅글뱅글 돌았다. 한참 돌고 났더니 어질어질했다. 도비가 방망이를 베개 삼아 한동안 누워 있었다.

"이제야 사람처럼 보이네."

물렁이가 도비의 수염을 잡아당겼다. 도비는 비명을 지르더니 제 얼굴을 만져 보았다. 어느새 다시 털북숭이로 돌아왔다.

"시간을 과거로 돌렸엉. 물렁이를 미워하지 망. 얼마나 너를 생각하는지 몰랑. 너를 위로해 주려고 장난친 거양."

"휴우, 토리몽, 아니 자기장이 나를 살렸구나!"

도비는 안도의 숨을 내쉬었다.

"지구 사람들은 참 이상해. 가진 것을 소중하게 생각할 줄 모르거든. 이제 다른 곳으로 가 볼까?"

물렁이가 토리몽의 버튼을 꾹 눌렀다. 그러자 토리몽이 희미한 안개 속으로 사라졌다.

토리몽이 도착한 곳은 극지방이었다. 그곳에는 사나운 바람이 몰아치고 있고, 어디를 둘러봐도 짙은 회색빛뿐이었다.

"물렁아, 여긴 죽음의 땅 같아. 아무리 봐도 생명체들을 찾아볼 수 없잖아?"

"지구는 몇 번씩 빙하기를 맞이했어. 가장 최근의 빙하기가 만8천 년 전에 일어났지. 지금은 빙하기와 빙하기 사이의 간빙기일 뿐이야. 또 빙하기가 찾아올 거야. 다시 빙하기가 찾아온다면 사람들은 살기 힘들어지겠지만 빙하기가 생명들을 꽁꽁 얼게만 하는 것은 아니야. 겉으로 봤을 때는 얼음산인 것 같지만 빙하는 가만히 있지 않아. 일 년에 고작 몇 센티미터 정도로 굼뜨기는 하지만 흐르면서 산이나 바위를 깎아 내리지. 그리고 거대한 얼음 강으로 합쳐지지. 얼음 강은 장애물을 만나면 돌아가는 것이 아니라 거대한 계곡을 깎기도 하면서 흙을 만들고 이동시켜. 거기서 새로운 생명이 살아가는 거야. 이렇게 지구는 끊임없이 생명을 키울 준비를 하지."

물렁이가 설명해 주었다.

"뭐라고! 또 빙하기가 온다고? 빙하기는 지구에게는 재앙이잖아!"

"으윽! 이렇게 이해가 느리다니! 어떤 과학자는 이런 말을 했어. 지구는 커다란 질병을 갖고 있을 때마다 약을 쥐고 있다고. 그 약이 사람들이 보기에는 위협적이고 무시무시할 수 있지만 지구의 입장에서 본다면 아주 특효약이지. 대기 중의 이산화탄소가 늘어나서 지구의 기온이 올라가 해수면이 상승해 큰 재앙이 일어나면 인구가 줄고, 인구가 줄면 이산화탄소의 양이 줄어든다는 거야. 지금 지구는 몸살을 앓고 있잖아. 이산화탄소로 지구 온난화가 지속되니까 빙하기가 다시 돌아와야 지구 온난화의 문제도 극복할 수 있다는 거지. 그러니 빙하기가 온다고 해도 꼭 나쁜 것만은 아니야. 또 다른 생명들이 시작할 수 있으니까. 인간을 포함한 포유류도 빙하기 때문에 번성할 수 있었어."

"그러니까 당장 눈앞만 보지 말고 우주적 시각으로 봐야 한다는 거야?"

"그렇지! 이제야 좀 이해를 하는구나."

도비는 극지방에서 휘몰아치는 바람 한 줄기도 지구의 호흡이라고 생각하니 마음이 편해졌다. 그런데 갑자기 손목시

# 빙하기

　지구는 중심축이 약 23.5도 기울어져 자전하면서 동시에 태양 주위를 타원형으로 공전하고 있다. 지구가 자전을 하기 때문에 밤낮이 생기고, 또 비스듬히 기울어져서 태양을 중심으로 공전을 하기 때문에 햇빛을 많이 받는 계절과 적게 받는 계절이 생겨서 여름과 겨울이 생긴다.

　하지만 지구의 기울기가 항상 23.5도로 기울어진 것은 아니다. 실제로는 덜 기울어질 때도 있고 더 기울어질 때도 있었다. 만일 지구의 기울기가 더 수평으로 기울어진다면 겨울은 훨씬 더 추워지고 위도가 높은 지역에서는 여름이 와도 얼음이 미처 녹지 않는 일이 벌어진다. 또 지구가 자전을 하면서 지구의 축이 다시 팽이의 축과 같이 원을 그리는 현상이 일어난다. 이를 세차 운동이라고 한다. 또한 지구의 공전면도 항상 일정한 것은 아니다. 어떤 때는 태양과 훨씬 거리가 먼 궤도를 돌 때도 있으며, 어떤 때는 거리가 가까울 수도 있다.

　이 세 가지가 원인이 되어 지구에 빙하기가 올 수 있다. 지구의 축이 수평으로 기울어지거나, 세차 운동으로 기울기가 많이 변하거나, 아니면 공전 궤도가 태양으로부터 멀어져서 태양으로부터 오는 에너지가 감소하면 지구가 추워지는 것이다. 지구 위의 얼음이 늘어나면 햇빛을 반사하기 때문에 지구는 더 추워진다. 이렇게 지구가 추워져서 많은 부분이 얼음으로 뒤덮인 때를 빙하기라고 한다.

계 무전기에서 비상벨이 '삑' 하고 울렸다. 급한 일이 있으니 호출하는 것이다.

"지구 수비대장, 출동이오!"

도비는 즉시 응답했다.

그러자, 물렁이가 토리몽의 버튼을 꾹 눌렀다.

미립자, 방사선, 우주선 Cosmic Rays

미립자는 아주 작은 입자라는 뜻이다. 우리 주위에서 가장 흔히 볼 수 있는 미립자로 전자를 꼽을 수 있다. 우주에는 이런 미립자들이 아주 많이 있다. 미립자 가운데에는 사람에게 무해한 것도 있지만 많은 에너지를 가진 유해한 미립자들도 있다. 만일 이런 것들이 지구의 대기를 그냥 통과한다면 전파를 사용할 수 없을 것이다. 태양의 흑점의 활동이 활발해질 때 이런 미립자들이 폭풍을 일으켜서 지구에 전파 장애가 생기기도 한다.

원자량이 매우 큰 원소들은 핵이 너무 무겁기 때문에 상태가 불안정해서 스스로 붕괴한다. 붕괴 과정에서 몇 가지 입자나 전자기파를 방출하는데 이것이 방사선이다. 이러한 원소가 붕괴할 때 나오는 방사선은 알파선, 베타선, 감마선이다. 우주에는 이런 방사선들이 많이 있으며 이 방사선은 인체나 생물에게 해롭다.

우주선이라 함은 우주에 있는 미립자와 방사선을 모두 가리키는 말이다. 이 우주선은 대기 중에 있는 기체의 이온들과 부딪쳐서 다른 미립자들이 생성되는데 이를 2차 우주선이라 한다. 지상에서 발견되는 우주선은 거의 다 2차 우주선이다.

만일 지구의 내핵이 자기장을 만들지 않는다면 이 우주선들을 막을 방법이 없다.

별을 찾아서

지구 수비대 안에는 많은 직원들이 모여 웅성대고 있었다. 얼굴에는 하나같이 두려움과 불안함이 배어 있었다.

"무슨 일이지?"

도비가 한 수비대원을 붙잡고 물었다.

"지금 지구에 큰일이 있어났대요. 지구가 멸망할지 모른답니다."

"뭐라고? 멸망한다고! 누구 마음대로!"

그 사이에 토리몽은 작은 구슬로 변해 있었다. 물렁이가 토리몽에게 들은 말을 해 주었다.

"도비야, 지금 커다란 소행성이 지구 방향으로 날아오고 있다고 어느 천문학자가 발표했대. 그 행성이 지구와 부딪히면 지구는 끔찍한 일이 벌어질 거야. 1994년 7월 16일에 슈메이커-레비 9라는 이름의 혜성이 목성과 충돌한 적이 있었어. 크기는 작은 산만 했지만 충돌의 충격은 어마어마해서 일주일 동안이나 계속되었대. 어느 정도였냐면 지구의 모든 핵무기를 모아 놓은 것의 75배나 되는 위력으로 충돌했대. 그래서 목성의 표면에 지구 크기만한 흔적을 남겼어. 지금 지구를 향해 날아오는 소행성은 크림슨문 4라고 이름을 붙인 것이래. 예전에

목성과 충돌했던 것보다 크다고 하니까. 이게 부딪치면 정말 큰 재앙이지."

"그렇다면 지구의 수명이 여기서 끝이란 말이야? 지구를 위해서 아무것도 한 것이 없는데. 이럴 수는 없어. 이제야 지구를 위해 뭔가 할 수 있다고 생각했는데. 내가 이럴 때가 아니지. 무슨 일이든 해 봐야지!"

도비는 우주에 나가 있는 우주인들, 지구 방위 사령부, 여러 천문학자들과 분주하게 의논을 했다. 그 소행성이 지금 속도로 다가오면 지구와 부딪치는 데에는 17일 정도 걸릴 거라는 이야기였다. 아직 시간은 있지만 17일은 대책을 마련하기에는 너무 짧다. 핵폭탄을 날려서 소행성을 폭파시키자는 의견도 있었지만 아직은 그럴 만한 기술이 없다고 했다.

그날부터 도비는 밥맛도 없고 사람들과 어울리지도 않았다. 지구 수비대 건물 가장 높은 곳에 올라가 묵묵히 하늘만 바라볼 뿐이었다. 물렁이가 위로를 해 주어도 소용이 없었다.

"이게 다 나 때문이야. 내가 조금만 더 똑똑한 지구 수비대장이라면 지구를 구할 수 있을 텐데. 이제야 지구를 위해 일할 수 있다고 생각했는데……."

도비의 머리는 더 더부룩해졌고 얼굴도 까칠해졌다. 눈동자도 깊은 고뇌의 흔적으로 젖어 있었다.

물렁이는 아침부터 도비 옆에 가만히 앉아 있었다. 산에서 불쑥 솟아 나온 장엄한 아침 해가 머리 꼭대기까지 올랐지만 도비는 움직일 생각을 하지 않았다. 물렁이는 시시각각 변해 가는 하늘의 변화를 지켜보았다. 간간이 불어오는 바람만이 두 사람을 휘감았다.

어느새 해가 넘어가고 있었다. 주황색과 노란색이 어우러진 석양이 커다란 산 중턱에 걸려 있었다. 산 주위는 마치 오렌지 가루를 뿌려 놓은 듯했다. 검은 산과 석양은 도비와 물렁이의 가슴속으로 촉촉하게 파고들었다.

"노을을 보니까 가슴이 따끔거려. 뭔가를 잃어버린 것처럼 허전해. 참 이상한 기분이야. 이제껏 한 번도 이런 기분을 느껴 본 적이 없어."

물렁이의 말에 도비도 자꾸만 어린 시절이 그리워지고 서글퍼졌다.

"물렁아, 나도 그래. 지구를 지킨다고 떠들어 댔지만 제대로 지구를 눈여겨본 적이 없어. 비록 지구가 불완전하고 취약하며 끊임없이 지구를 위협하는 것들이 있지만 지구는 생명을 품고 키우면서 이렇게 아름다운 모습을 보여 주잖아. 왠지 어릴 적 싸우고 집에 돌아왔을 때 엄마가 안아 주던 것이 생각나. 그때가 그립기도……."

채 말을 맺지 못한 도비가 울먹거렸다.

"물렁아, 이제는 이런 것도 볼 수 없겠지. 그리고 지구는 화산과 지진이 일어났을 때처럼 생지옥으로 변해 버리겠지."

물렁이가 도비의 어깨에 손을 얹으면서 말했다.

"도비야, 그동안 많이 생각했는데 난, 이제 가야겠어. 나만의 별을 찾은 것 같아. 지구에 오기 전에 봐 둔 별이 있는데 그 별은 크지는 않지만 노을과 바람이 아름다운 곳이야. 밤이면 지구에서 볼 수도 있을 거야."

"그래. 잘 생각했어. 이제 지구에는 재앙이 내릴 거니까 빨리 떠나. 그동안 나를 가르치느라 힘들었지? 네가 있어서 너무 좋았어."

도비가 어린아이처럼 훌쩍거렸다. 눈물과 콧물이 수염을 적셨다.

"도비야, 걱정하지 마! 지구는

괜찮을 거야. 토리몽과 내가 막아 볼게."

"지구를 살려주겠다고? 너는 네 별로 돌아간다며?"

"어차피 가는 길인걸 뭐. 토리몽과 같이 가면 심심하지는 않을 거야. 토리몽이 지금 열심히 소행성 궤도를 바꿀 방법을 계산하고 있어. 위험할지 모르지만 어떻게 해 볼게."

"물렁아, 염려 마. 지구는 내가 살려야지. 너까지 다치게 할 수는 없어!"

"도비야, 너는 지구를 지켜야 하잖아."

"그런데 이제 다시는 너를 다시 볼 수 없잖아. 안 돼!"

"나는 저 멀리서도 노을 지는 지구를 볼 수 있을 거야. 밤하늘에 가장 빛나는 별이 나라고 생각해. 네가 나를 기억해 준다면 난 하나도 슬프지 않을 거야."

물렁이가 단호하게 말했다.

잠깐 도비가 자리를 비운 사이 물렁이와 토리몽의 모습이 보이지 않았다. 도비가 이리저리 찾아보았지만 물렁이를 본 사람들은 아무도 없었다.

그날 밤 도비가 지구 수비대의 대형 모니터에 앞에 앉아 시시각각 지구를 향해 다가오는 커다란 행성을 지켜보고 있을 때였다. 어느새 크림슨문 4의 모습이 화면에 꽉 찼다. 아주 빠른 속도로 지구를 향해 달려오고 있었다. 어마어마한 우주의 에너지가 느껴졌다. 그 소행성을 들여다보던 도비는 손에 식은땀이 나면서 머리털이 곤두섰다. 그래서 방망이의 버튼을 눌렀다. 방망이에서 거미줄 그물이 나왔다. 도비가 모니터로 그물을 던졌다. 하지만 그물은 바닥에 힘없이 떨어졌다.

그때였다. 우주 위치 추적 시스템에서 아주 요란한 소리가 울렸다.

"저건 또 뭐야? 지구에서 이상한 물체가 날아가는 것 같은데?"

도비가 자세히 보니 물렁이와 토리몽이였다.

소행성 충돌

　우주에서 떠돌아다니던 유성체가 대기 중에서 완전히 소멸되지 않고 지구와 충돌하는 현상을 말한다. 작은 유성체일 경우에는 지구의 중력에 끌려 떨어지더라도 대개는 대기권에서 타서 없어지는 것이 보통이다. 하지만 큰 물체일 경우에는 완전히 타서 없어지지 않고 땅이나 바다에 떨어지는 경우가 있다. 만일 유성체가 소행성급으로 아주 크다면 이는 지구에 살고 있는 생물에게는 큰 재앙이다. 때로는 핵폭탄 수천 개의 위력으로 지구를 강타하며 멸종을 가져오는 경우도 있다.
　커다란 소행성급의 충돌이라면 지구에 부딪치기 전부터 엄청난 재앙이 닥친다. 빠른 속도로 낙하하는 물체는 지구의 대기를 압축시켜 온도가 올라간다. 충돌 지점은 충돌 열기 때문에 온통 불에 휩싸인다. 또 그 충격은 수백 킬로미터의 구덩이를 남길 수 있으며, 이 충돌로 먼지들이 공중으로 올라가 햇빛을 가려 암흑세계로 변한다. 이 먼지가 가라앉기까지 몇 달 동안 거의 모든 식물들은 죽고 만다. 따라서 식물을 먹이로 하던 초식 동물들도 죽고, 초식 동물을 먹던 육식 동물들도 죽는다. 또 충돌 때문에 지각이 받은 충격은 대규모 화산 폭발과 지진으로 이어질 수 있다. 그렇게 되면 지구의 겨울이 훨씬 더 길어질 수 있으며 거의 대부분의 생물이 멸종할 수도 있다.

"아니, 물렁이가 어느새 저기에……."

물렁이가 지구 모니터를 향해 씩 웃는 것이 보이는 듯했다. 하지만 잠시 뒤 토리몽이 커다란 미사일 형태로 변하더니 크림슨문 4와 충돌했다. 순간 거대한 빛 조각이 사방으로 퍼지면서 우주를 수놓았다. 푸른색, 붉은색, 노란색, 색색의 암석들이 별 조각처럼 사방으로 떨어지면서 터졌다.

"물렁아! 토리몽!"

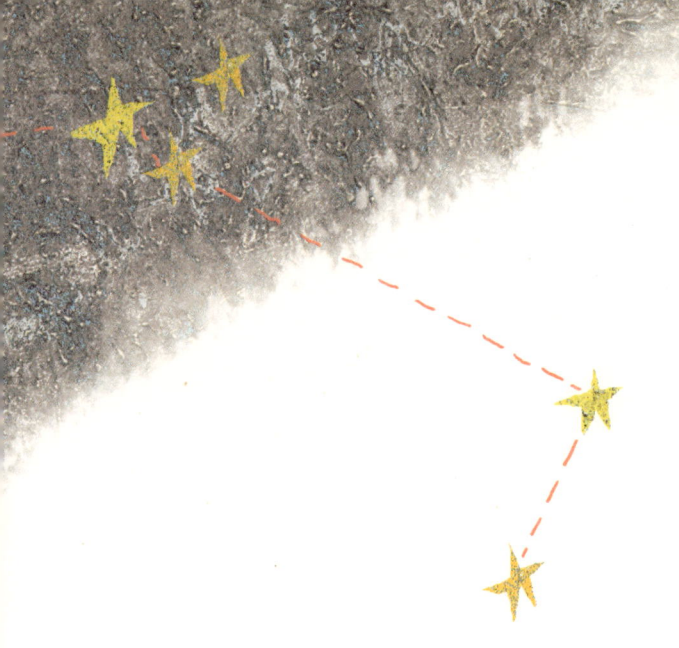

도비가 벌떡 일어났다. 도비의 얼굴은 눈물로 범벅이 되어 있었다.

그날 하루 종일 텔레비전 방송은 크림슨문 4와 토리몽이 부딪쳐 폭발하는 장면만 나왔다.
"근래 보기 드문 천체 불꽃쇼입니다. 이로써 지구의 비상 경계령이 풀렸습니다."
아나운서들은 흥분한 목소리로 소식을 전하느라 바빴다.
도비는 그날 밤 지구 수비

대 제일 높은 곳에서 밤하늘을 바라보았다. 하늘은 가루를 뿌려 놓은 듯 별들이 반짝거렸다. 그 중에서 가장 빛나는 별 하나가 있었다.

"물렁아, 네가 무척 그리울 거야."

도비는 마치 물렁이를 잡으려는 듯 그 별을 향해 손을 뻗었다. 별빛이 도비의 눈 속으로 쏙 들어왔다. 도비의 촉촉한 눈 속에서 별이 일렁이고 있었다.

지구 놀라운 땅! 위대한 세상!

초판 1쇄 인쇄일 2008년 10월 27일
초판 1쇄 발행일 2008년 10월 31일

발행처 지호
발행인 장인용
편집인 노경실
총진행 윤규성
편집 김희중
디자인 김진디자인
출판등록 1995년 1월 4일
등록번호 제10-1087호
주소 경기도 고양시 일산동구 장항동 751번지 삼성라끄빌 1319호
전화 031-903-9350
팩시밀리 031-903-9969
이메일 chihopub@yahoo.co.kr

Copyright ⓒ 2008 임정순, 김영곤

ISBN 978-89-5909-046-4
　　　978-89-5909-043-6 (세트)

• 잘못된 책은 구입하신 곳에서 바꾸어 드립니다.